# 寻味
## 成都

郭子久 著

北京出版集团
北京出版社

**图书在版编目（CIP）数据**

寻味成都 / 郭子久著. — 北京 ：北京出版社，
2020.5
ISBN 978-7-200-15481-8

Ⅰ. ①寻… Ⅱ. ①郭… Ⅲ. ①旅游指南 — 成都②饮食
— 文化 — 成都 Ⅳ. ①K928.971.1 ② TS971.202.711

中国版本图书馆 CIP 数据核字（2020）第 034557 号

寻味成都
XUNWEI CHENGDU
郭子久 著
\*
北 京 出 版 集 团
北 京 出 版 社 出版
（北京北三环中路 6 号）
邮政编码：100120
网 址：www.bph.com.cn
北 京 出 版 集 团 公 司 总 发 行
新 华 书 店 经 销
三河市嘉科万达彩色印刷有限公司印刷
\*
880 毫米 ×1230 毫米 32 开本 5.5 印张 196 千字
2020 年 5 月第 1 版 2020 年 5 月第 1 次印刷
ISBN 978-7-200-15481-8
定价：49.80 元
如有印装质量问题，由本社负责调换
质量监督电话：010-58572393

成都，是一座来了就不想离开的城市，也是一座文化飘香的城市，更是一座美食满巷的城市。

　　成都是中国四大古都之一，是"首批国家历史文化名城"和"中国最佳旅游城市"，承载着三千年的历史。东汉时，织锦工艺发达，官府专设"锦官"，锦官城由此而来；再到后蜀，因皇后花蕊夫人喜欢芙蓉，皇帝在城墙上遍植芙蓉，蔚为壮观，成都也就因此得名蓉城。此外，文翁兴学、李冰治水，还有老子讲道，使得成都不仅有着悠久的历史，还积淀了厚重的文化。正是成都这种多元的文化，培养了成都人的休闲情趣，带动了这里餐饮业的繁荣发展。

　　成都的餐饮文化别有天地。秦始皇统一六国时，川菜成形；唐代，川菜走进宫廷成为皇帝喜爱的美食；清朝康熙年间，因四川人口锐减，政府实施"湖广填四川"政策，外地官员多自带厨师入川，粤菜、湘菜交相辉映，成都饮食文化得到迅猛发展，出现春熙路·骡马市、府南河、沙西线、一品天下、武侯祠·人民南路以及南延线等美食区。时至今日，这些地方仍然店铺林立，佳肴纷呈，道道都是成都餐饮的招牌。

　　成都的餐饮文化丰富多彩，令人回味无穷，如盖碗茶，绝不是端起来喝、喝下去就解渴的事，其蕴含丰富的文化内涵，就说茶盖的摆放都是一门讲不完的大学问……来到成都，除了人文环境会让你心情愉快，美食文化同样会浸润着你的心田。美食创新，成就了天府之国海纳百川、广聚贤才的魅力。

五色洗眼，五音悦耳，五味养生。吃，不仅能饱肚，还能吃出好心情，这首歌就是最好的见证：锦官城里美食多，爽口舒心真快乐，九眼桥上杯盏欢，结义楼中赏绝活，诸葛孔明善谋略，盖世英明祠堂搁，恰似溪水清见澈，款款流淌出府河，休闲之都创意旧时城，美食推新层层永无穷，小小串串藏经纬，火锅烧红城与郭，酒香醉英雄，味浓聚精英；芙蓉城里美食多，汤圆煎饼难数落，宽窄巷子赏美景，文殊坊里吃玩乐，摩尼传道数千载，智慧育民旺香火，情似时光如飞梭，滴滴浸润见活佛，环球城中展示国际范儿，道道美食演绎世界风，小小舞台练神功，边吃边喝喜又乐，好歌听入迷，人醉眼蒙眬。

青羊区
青羊宫里香火缭绕，青羊宫外美
味撩心/81

## 【成都印象】

　　成都别称蓉城，是古蜀文明的重要发祥地，"天府之国"的中心，有着"城址千年不变、城名千年不改"的历史特征。数千年保存下来的人文景观，使这座城市拥有厚重的文化底蕴。

　　成都不仅是一座悠闲、乐观、繁华、洒脱的城市，同时也是西南地区的商贸、科技、金融中心和交通枢纽，更是美食之都。

## 【地理】

　　成都位于四川省中部，四川盆地西部，全市东西长192千米，南北宽166千米，总面积约1.2万平方千米，东与德阳、资阳毗邻，西南与雅安相连，西北与眉山、阿坝藏族羌族自治州接壤，南面与眉山相连。

## 【气候】

　　成都属亚热带季风气候，热量充足，雨量丰富，四季分明，雨热同期，多云雾，日照短。因深居四川盆地腹部，空气潮湿，特别是夏季，虽然气温不高，却显得异常闷热。

## 【历史】

成都历史悠久。公元前 316 年，秦灭蜀，以其地设置蜀郡，在蜀王旧都一带置成都县，为蜀郡治所。元代，建置四川等行中书省，以成都为治所。明代，成都为布政使司治所。清代，四川承宣布政使司改为四川省，成都为四川省治。1922 年，成都、华阳两县合并为市。1928 年，成都市政府建立，成都市为省辖市、省会。

## 【民族与宗教】

成都是一个多民族聚居的城市，有藏族、回族、彝族、羌族、土家族、满族、苗族、蒙古族、壮族、白族、汉族等民族。

成都有佛教、道教、天主教、基督教和伊斯兰教 5 种宗教。道教至今已有 1800 多年的历史。东汉末年，佛教已传入成都。伊斯兰教于明代传入成都。天主教和基督教分别于明崇祯十三年（1640 年）和清光绪七年（1881年）传入成都。成都现有多处宗教活动场所，其中文殊院、昭觉寺、青羊宫等闻名全国。

## 【文化与艺术】

成都的文化历史悠久，早在公元前 141 年，蜀郡太守文翁就在成都建石室开学馆、设讲堂。蜀地人才辈出，譬如大辞赋家司马相如、扬雄等。从战国到汉代，成都的漆器极负盛名。蜀锦为中国四大名锦之首。蜀绣与苏绣、湖绣、粤绣并称为中国四大名绣。

## 【美食偏好】

成都是美食之都，有历史悠久、品种繁多、齿颊留香的特色小吃；有麻辣鲜香、百吃不厌、口齿生津的火锅；有热辣红艳、回味悠长、推陈出新的家常菜……不胜枚举。

### 【武侯祠】

武侯祠是国家AAAA级旅游景区，是中国唯一的一座君臣合祀祠庙和最负盛名的诸葛亮、刘备及蜀汉英雄纪念地，由三国历史遗迹区、三国文化体验区和锦里民俗区三部分组成。

### 【锦里】

锦里是一条新建的老街，毗邻武侯祠。一条延伸入内的青石板路，两边清末民初的四川古镇建筑，让人有种穿越的感觉。茶馆、酒吧、商铺、戏台，还有宛转的回廊，气派的府邸，让人目不暇接。

### 【宽窄巷子】

宽窄巷子由宽巷子、窄巷子、井巷子平行排列组成，为青砖黛瓦的仿古四合院落群，是成都遗留下来的较成规模的清朝古街道。

### 【青羊宫】

青羊宫是成都市内建筑年代最久远、规模最大的一座道教宫观，也是全国著名的道教宫观之一，其主要建筑有灵祖殿、混元殿、八卦亭、无极殿（即三清殿）、斗姆殿、唐王殿、紫荆台等，其中最具特色的是八卦亭和三清殿。

### 【杜甫草堂】

杜甫草堂为国家AAAA级旅游景区，是成都旅游的一张名片。草堂占地面积近20万平方米，完整保留了明清时的建筑格局，建筑古朴典雅，园林清幽秀丽，有大廨、诗史堂、工部祠等主要景点。

### 【水井坊博物馆】

水井坊博物馆是一座集文物陈列馆、非物质文化遗产演示场所、酒文化体验馆、优质名酒原产地于一体的博物馆。

### 【青城山】

青城山，古名"天仓山"，又名"丈人山"，与剑门之险、峨眉之秀、夔门之雄齐名，有"青城天下幽"之美誉，全山林木青翠，四季常青，诸峰环峙，状若城郭，故名青城山。

### 【都江堰】

都江堰被誉为"世界水利文化的鼻祖"，是四川著名的旅游胜地，是全世界迄今为止，年代最久、唯一留存、以无坝引水为特征的宏大水利工程，为国家AAAAA级旅游景区。

### 【西岭雪山】

西岭雪山为世界自然遗产、国家AAAA级旅游景区，因唐代大诗人杜甫的千古绝句"窗含西岭千秋雪，门泊东吴万里船"而得名。雪山终年积雪，海拔为5353米，为成都第一峰。

### 【大慈寺】

大慈寺迄今有1600多年的历史，相传是"震旦第一丛林"。寺内殿宇宏丽，院庭幽深，古木参天。

# 人气美食 TOP**10**

## 【火锅】

成都火锅多数用牛油做底料，辅以大量的麻椒和花椒，食材多用四川人喜欢的黄喉、毛肚、鹅肠、鳝丝等，麻辣鲜香。

## 【三大炮】

三大炮是四川著名的特色小吃，主要由糯米制成，由于在抛扔糯米团时，会发出如"弹丸"一样"当、当、当"的响声，故名"三大炮"。三大炮香甜可口、不腻不黏，吃时配以"老鹰茶"，别有风味。

## 【龙抄手】

龙抄手皮薄馅嫩，爽滑鲜香，为成都小吃的佼佼者。它的得名，是当初三个伙计在"浓花茶园"商议开抄手店，取"浓"的谐音"龙"为名，也寓有龙腾虎跃、生意兴隆之意。

## 【郭汤圆】

郭汤圆为成都著名的小吃之一，由中江县人氏郭永发创立，其馅心细腻精巧、口味新奇、品种丰富，尤以黑芝麻、洗沙等品种最受欢迎。

## 【豆花】

豆花嫩滑绵软、入口即化，可以在上面撒上葱花、花生碎、大头菜粒或者萝卜干，还有炒得嘎嘣脆的黄豆，再根据口味加酱油、醋、辣椒油等。

## 【冒菜】

冒菜是成都的特色菜，就是把菜放到麻辣鲜香的汤汁内煮熟，然后盛到碗里，再舀一勺汤汁，撒上点香菜、葱花和四川特有的豆豉就可以了。

## 【钵钵鸡】

钵钵鸡是成都著名的特色小吃，"钵钵"其实就是瓦罐，钵内盛放配以麻辣为主的佐料，菜品经过特殊加工后用签穿制，凉凉后浸于各种口味的佐料中。

## 【串串香】

在成都的大街小巷，随处可见串串香铺子。海带、土豆、肉片等各种食材往竹签上一穿，客人随意选取喜欢的串串，一边涮一边吃，和火锅的吃法差不多，因而也称为"小火锅"。

## 【钟水饺】

钟水饺，古名"水角"，是成都地方传统小吃，纯猪肉馅，皮薄、馅嫩、味鲜，上桌时淋上特制的红油，微甜带咸，兼有辛辣，风味独特。

## 【担担面】

担担面是著名的成都小吃之一，将擀制成的面条煮熟，然后舀上炒制的猪肉末。面条细薄，卤汁酥香，咸鲜微辣，香气扑鼻。

行住玩购样样通 >>>>>

# 行在成都

## 如何到达

### 飞机

双流国际机场与全国主要大中城市都有直航线路，可乘机场大巴或者机场专线直达市中心。

### 火车

成都是西部的交通枢纽，途经成都的火车线路有宝成线、达成线、成渝线等数十条，乘客可在成都站、成都东站、成都南站等站下车。每天在成都途经和终止的列车有上百趟，出行十分方便。

### 汽车

成都长途客运站点设施完备，有石陵、五桂桥、五块石、茶店子、荷花池等近 10 个长途客运站点，基本覆盖了全国主要的城市。

## 市内交通

### 地铁

成都目前有 1、2、3、4、7、10 号线，共 6 条地铁线。1 号线可达升仙湖、火车北站、天府广场、火车南站等；2 号线可达茶店子客运站、春熙路、人民公园、火车东站等；3 号线可达成都动物园、春熙路和新南门（近新南门汽车站）等；4 号线可达宽窄巷子、骡马市等；7 号线可达金沙博物馆、西南交大、琉璃厂等；10 号线可达双流国际机场。

### 公交

成都绝大多数景点都有公交车可达，公交多为无人售票车，普通车票价 1 元，空调车票价 2 元。

### 出租车

成都出租车根据车型，起步价分别为 9 元 /2 千米和 8 元 /2 千米；之后都是 1.90 元 / 千米。夜间（23:00 至次日 6:00）起步价分别为 9 元、10 元（基价均为 2 千米），之后 2.2 元 / 千米。

# 住在成都

## 四川岷山饭店

地址 成都市锦江区人民南路 2 段
　　 55 号
电话 028-85583333
价格 556 元起

　　岷山饭店客房布局合理，房间通透明亮，动线功能设计和安全性智能化设计先进独到，客房配备有无线高速上网、雨淋花洒、经过健康睡眠认证的专业床垫，让您体验到舒适和便利。

## 四川锦江宾馆

地址 成都市人民南路二段 80 号
电话 028-85506666
价格 599 元起

　　锦江宾馆是西南首家五星级酒店，拥有客房近 800 间（套），多位国家元首、政府首脑和中外名人都曾在此下榻。宾馆拥有各式餐厅、酒吧、会议室以及各种完善的服务设施。

## 成都香格里拉大酒店

地址 成都市锦江区滨江东路 9 号
电话 028-88889999
价格 989 元起

　　香格里拉大酒店位于市中心，俯瞰着恬静怡人的锦江和风光秀丽的合江亭，约 5 分钟车程可达著名的春熙路步行街，约 25 分钟车程可达双流国际机场，乘车前往成都周边的旅游名胜如青城山也仅需约 45 分钟。

## 新良大酒店

地址 成都市锦江区东大街上东大街
　　 段 246 号
电话 028-86739999
价格 279 元起

　　新良大酒店地处成都最繁华的春熙路——盐市口核心商业购物中心区，步行 5 分钟可到达天府广场，出行极为方便。酒店采取的是跃层式空间设计，将多种功能汇聚一身，所有客房都精心装饰，布局合理，温馨华贵。

# 玩在成都

## 武侯祠

地址 成都市武侯祠大街231号
电话 028-85568685
门票 50元，学生票25元

武侯祠内纪念的是三国时期蜀国的丞相诸葛亮，初建时曾与昭烈帝刘备的祠庙相邻，在明朝初年并入昭烈庙，成为中国唯一一座君臣合祀的祠庙。成都武侯祠的文物区主要由惠陵、汉昭烈庙、武侯祠、三义庙等组成，主体建筑为武侯祠。

武侯祠主要有大门、二门、刘备殿、过厅、诸葛亮殿、三义庙等建筑，排列在从南到北的中轴线上。祠内供奉刘备、诸葛亮等蜀汉英雄塑像50尊，还有众多关于诸葛亮和三国文化的碑刻、匾额等。

## 锦里

地址 成都市武侯祠大街231号附1号
电话 028-66311313
门票 免费

锦里是以美食为主题的步行商业街，由一大片清末建筑风格的仿古建筑组成，拥有数量众多的酒吧、餐饮名店，是西蜀历史上最古老、最具有商业气息的街道。著名的武侯祠与锦里仅一墙之隔，人们通常会在参观完武侯祠后，来锦里逛一逛。锦里洋溢着成都市井特有的喧嚣和随意。街道两边售卖的都是颇具当地特色的物品，手工的皮包、五颜六色的布灯笼等，还有众多老成都的手艺人在忙碌着，吹糖画、捏面人。

## 宽窄巷子

地址 成都市青羊区长顺街127号
电话 028-86259233
门票 免费

宽窄巷子是成都遗留下来的较成规模的清朝古街道，由宽巷子、窄巷子和井巷子三条平行排列的城市老式街道及其之间的四合院群落组成。在这里，可以喝茶、吃火锅，面对着琳琅满目的小吃大快朵颐，感受成都的闲生活、慢生活和新生活。

# 购在成都

## 水井坊酒

店名 四川省水井坊股份有限公司
地址 成都市金牛区全兴路9号
电话 028-87519777
价格 300~2300 元/瓶

　　水井坊酒是中国传统名酒，上起元末明初，历经明清，下至当今，延续五六百年从未间断生产。水井坊酒酒色晶莹剔透，香味浓郁，品起来醇厚绵甜，回味悠长，余香不断。

　　水井坊将内烧花工艺用于酒瓶，且全部手工烧花制作。锦官城6处著名景点：武侯祠、杜甫草堂、九眼桥、合江亭、水井烧坊、望江楼彩绘图被烧制在井台六面，寓含着锦官城的历史文化孕育了水井坊。

## 蜀绣

店名 蜀绣浣花香
地址 成都市一环路西二段2号浣花香
　　　7楼蜀锦蜀绣处
电话 028-83235883
价格 几百元到几万元不等

　　蜀绣是以四川成都为中心的刺绣产品的总称，也称"川绣"。它以软缎和彩丝为主要原料，针法达100多种，充分发挥了手绣的特长，具有浓厚的地方风格。绣品既有巨幅条屏，又有袖珍小件，是观赏性与实用性兼备的精美艺术品。

## 郫县豆瓣

店名 四川省郫县豆瓣股份有限公司
地址 成都市郫都区永安路333号
电话 028-87920167
价格 罐装10~50元不等

　　郫县豆瓣是成都著名的土特产，有着300多年的历史，由一套精细、独特的传统工艺酿造而成，具有豆瓣酥脆、酱香浓郁、红褐油润、辣而不燥、回味悠长等特点，是烹制川菜不可缺少的调味佳品。用之成菜，格外提味增色，即便直接佐餐，也会使人食欲顿开，口舌生香，因而赢得了"川菜之魂"的美誉。

## 锦江区
### 锦江路上熙熙攘攘，春熙坊中美食连连

　　自秦汉起，成都以锦显贵，独享锦城之美誉，风姿绰约。或因历史悠久，或因人才辈出，或因富裕滋养，锦江的美食被涵养得如亭亭玉立的少女般醉人，钟水饺、龙抄手、豆花、麻辣鱼片⋯⋯都有一种妙不可言的美。

寻味成都

**钟水饺**

地址　成都市锦江区新华大道
　　　三槐树路 2 号

电话　028-86511940

钟水饺

百年风情最风骚

　　钟水饺在成都可谓家喻户晓。当然，真正吸引人们的，绝非其名扬天下，而是货真价实。因为钟水饺色香味俱全，性价比很高。

　　我家与钟水饺店比邻而居，周末的午餐十有八九是钟水饺，不是因为我懒得动手，而是儿子特别喜欢。每次看到他吃钟水饺时垂涎欲滴的馋相，我就没了拒绝的理由。后来，家附近的钟水饺店因旧城改造搬走了。钟水饺店搬走后，我的心里很失落。因为要体验那种怀旧情怀，只好到处找。有次到三槐树路附近办事，见有钟水饺店，便进去吃了一顿，真有久旱遇甘露的享受。那种像甜水面一样甜甜的辣辣的味道，真的太好吃了。因此，我如今常常会去那里解馋。

　　上个周末，我又去了那里，点了份红油味钟水饺。钟水饺的个头小小的，一小碗十个，不过小是小，但味道很好。听这家店的经理讲，他家钟水饺的饺子皮都是自制的，不仅软硬适度，且碱含量不多，咬起来有韧劲，不像其他店的饺子，皮厚碱重，煮出来滑溜溜的，口感自然不好。钟水饺是纯肉馅，不像北方水饺有猪肉白菜、羊肉冬瓜等很多种馅。虽然如此，但馅料不是最大的优势，其绝对优势在红油上，尤其是馅料与红油搭配起来，就成了美食界的一绝。他家的红油是用成都有名的二荆条红辣椒面加菜油炼制而成的，还加入了酱油、芝麻油、蒜泥汁、味精等特制调料。因此，吃上一口钟水饺，心里顿觉甜滋滋的。

到钟水饺店消费，不仅仅是吃，也是一种文化体验，因为钟水饺是成都著名的汉族传统小吃之一。早在清光绪十九年（1893年），钟水饺便已存在，创始人钟少白原来将其店命名为协森茂，1931年开始挂起了"荔枝巷钟水饺"的招牌，钟水饺以其独特风味蜚声海内外。它不仅色泽鲜亮，而且味道上佳，尤其那微甜中带着咸，同时兼有辛辣的感觉，风味独特，深受市民喜爱。钟水饺的诞生，改变了成都人对面食的认知，打破了南方人不喜欢面食的习惯。

钟水饺不仅好吃，而且制作也不复杂，第一步是制馅，把猪肉制成馅加入盐、姜汁、胡椒粉、酱油等，充分搅拌，直至呈黏稠状为止；第二步是用面粉制作饺皮；第三步是把馅置于皮中，对叠成半月形，用力捏合即可；第四步是用旺火沸水煮饺子；第五步是把煮熟的饺子淋上少许酱油、蒜泥、红油，然后搅拌均匀就可美美地享用了。

如果你要想感受老成都的麻辣味儿，三槐树路的钟水饺最正宗，你一定不要错过。即便你不是很饿，只要见了这色鲜味美的钟水饺，保证会味蕾顿开，忍不住大吃一顿，以满足味觉与视觉的需要！

龙抄手（春熙路总店）

地址　成都市锦江区城守街61号

电话　028-86678678

老成都的情怀

鲜香龙抄手

　　成都人的休闲，不仅表现在玩乐上，而且体现在吃喝上，因此成都的美食数不胜数，也特别有名。刚到成都时，我不大习惯这种生活——把吃放到最重要的地位，觉得为了一饱口福，开着车子跑很远的路，既浪费时间，又增加了生活成本。后来，在成都文化的熏陶下，我也养成了这种习惯，于是也加入了体验美食的行列。

　　例如龙抄手，在北方不叫抄手，而叫"馄饨"，在南方则叫"云吞"，那成都人为什么叫它抄手呢？流传久远的说法是，因为馄饨的外形就像人把两只手抄在怀中，另则它皮薄易熟，抄手之间就已煮熟。最有趣的是龙抄手的来历，据说安史之乱时，唐明皇南狩成都，思食馄饨。可当地厨师不知馄饨为何物，手足无措，后见唐明皇负手踱步，急中生智，将馄饨制成这个形状，美其名曰"龙抄手"。唐明皇闻之大喜。成都的第一家龙抄手店，于1941年诞生于悦来场，20世纪50年代初又迁至新集场，60年代迁至春熙路至今。

　　抑或是有这种颇深的文化渊源的缘故，抑或是这种小吃美味至绝的缘故，我对龙抄手有一份特别的情怀。我最爱光顾的店，就是春熙路上的龙抄手总店了。这家店深居古老而热闹的街区中，商业繁荣与人文底蕴的交融，赋予了它无限生机。前不久，我陪朋友来这里，那古色古香的店堂没有变化，那

人山人海的食客没有少，那数不完的小吃不减当年，除了抄手，这里的钟水饺、叶儿粑、担担面等成都特色小吃，也都十分美味。所以，到龙抄手店就餐，你得趁早。

虽然由不得你慢慢来，但这里的美食你可尽情享用。例如清汤抄手，肉馅欲露不露地凸显在高汤中，嫩皮儿浮游着，似荷叶铺展开来。酸辣味是成都人的首选，特酿的酸醋和特产的辣子相互交融在一起，让人味蕾大开，倘若还嫌不够辣的话，再要份红油抄手就更霸道了，那经过烘焙、煎制、油酥多道工序特制而成的辣子，再不是微辣、酸辣的味道，而是一种让人欲罢不能又痛彻心扉的辣，可就是这种味道，让人爽心又爽胃。

龙抄手虽然不是百年老店，但你仍能感觉它的文化内涵，包括对发展定位、管理制度、服务的精细化等。当然，其技艺也功不可没。龙抄手皮薄如纸，以精面粉、土鸡蛋、川盐在凹板上搅拌、揉捏，再推擀成型，切成四指宽方块；龙抄手馅嫩鲜香，猪肉做料，用特有的刀捶方式将肉敲至蓉泥，辅以川盐、味精、姜汁、香油等，加少许清水搅拌成黏稠状，筋道正好；同时它那原汤，是用鸡、鸭和猪身上几个部位精选的肉，经过猛炖慢煨而成，又浓又香，让人欲罢不能。

做抄手有讲究，煮抄手也有奥妙，即不能一"沸"到底。第一次水沸后，得扑上点冷水，待再沸时将抄手捞起。过程虽然简单，但要掌握好火候很难。抄手舀到碗中，再添几许绿色菜，一碗让人垂涎欲滴的龙抄手便大功告成了。

朋友问我为何来此地，我说："你在北京什么山珍海味都尝过，但品尝成都的龙抄手还是第一次，因此来这里不仅是果腹，还是一次文化的体验，自然也包含着我个人的特殊情怀，因为吃对你我已经成为其次，重要的是能感悟龙抄手对传统文化的涵养与传播。"

佳佳豆花面

地址　成都市锦江区较场坝东
　　　街 23 号
电话　18284521989

**锦江区**

锦江路上熙熙攘攘，春熙坊中美食连连

豆花爱上面

此生永相伴

　　成都小吃千千万，我却偏爱这碗面。这么说，很多人会认为我是在故弄玄虚。不过要是听我讲了佳佳豆花面的故事，定会勾起你们的食欲，定会情不自禁地想去品尝一番，因为佳佳豆花面的味道就是好。

　　成都的面馆千千万，面馆形式也是数不胜数。东门大桥较场坝的佳佳豆花面，就是成都面食中的翘楚，用其让人回味无穷的味道，征服了大江南北的食客。每次说起来，感觉我的嘴角还留着那豆花面的香。上周我去太古里办事，临近中午了，也就没有回家吃饭，便在附近，寻找喜欢的美味，最后有幸与佳佳豆花面结缘。作为吃货，我没有半点儿犹豫，立刻点了份豆花面。老板娘的动作也很神速，一会儿工夫，她就把豆花面端上了桌。

　　色泽鲜艳的豆花面，洁白软嫩的豆花，散落在面的四周，美得让你都不想去破坏它，加上红油的衬托，看上去便感受到了香辣的美，尤其是面，普通得不能再普通了，但与这美味的豆花搭配在一起，一下子就变得神奇起来，似乎也更加诱人了。

　　在豆花面的诱惑下，我拿起筷子，将葱花等佐料撒上去，然后轻轻地拌匀，便大快朵颐。豆花自然朴实的甜味，跟蔬菜的清香和面条的爽滑搭配得恰到好处，每吃一口面嘴里就溢满了豆花的鲜汁，红油微麻微辣的味道，轻轻地刺激着味蕾，没想到佳佳豆花面能达到如此美味的地步，比我以前吃过的豆花面的味道要美味十倍百倍。这自然使我感到困惑，因为川味豆花面使用了大量辣椒，照理说应该会辣到令人喷火的地步，可是搭配这鲜嫩的豆花后，不仅看了令人食欲大增，而且辣的口感竟然变得意外的柔和顺口。

　　我是个爱打破砂锅问到底的人，见这等美食在眼前，于是问起了老板娘。她给我讲，豆花面本是一种素食，后来经过改进，加上了米希尔女士（采用新鲜猪腿肉和上等五花肉，配上芽菜，拌上适量甜酱、豆瓣酱等佐料，然后

用菜籽油混合油炒成的），两者一结合，不仅更营养健康了，而且还油而不腻。佳佳豆花面将豆花面分为红汤和清汤两种，红汤是以多年经验炒制出来的辣椒红油，一香、二辣、三提色，一旦给面条浇上自制红油，面条就像披上了一件红嫁衣，最后再佐以香酥花生米、葱、姜、香菜、米希尔女士等佐料，一碗色香味俱全的川味豆花面就做好了。

能让一碗普普通通的面，成为食客追逐的美食，老板也是付出了不少心血的。他们为了保证面条的新鲜，每天早上6点便去市场采购新鲜的鸡蛋，因为面粉中加入鸡蛋不仅能使面汤不混浊，还能让面条富有弹性，使口感得到一定改善。如果再配上鲜嫩的豆花，更是爽滑可口。一碗口味上乘的豆花面，自然离不开美味独特的米希尔女士，这家店的米希尔女士，色泽鲜艳、味道鲜美。你若想与美食相濡以沫，建议就从一碗豆花面开始。

说到豆花面，虽说起源不在成都，是遵义人的独创。但它的历史沉淀是深厚的。清朝末年，八国联军入侵北京，火烧圆明园，大批难民逃散各处，遵义也没能幸免，拥进了大批难民。遵义城中的白云寺便施粥救济难民，由于粥不够，僧人就将平日吃的豆花和宽面条一起煮给大家吃。由于好吃，一传十，十传百，人们纷纷到寺里来吃豆花面。当时的豆花面没有米希尔女士蘸水。后老人李作屏别出心裁，参考北京炸酱面的做法，用鸡丁、鱿鱼丁、榨菜丁等调配蘸碟，在遵义老城首揭其"豆花面"招牌。1958年，邓小平等中央领导视察遵义时，还特地到老城品尝了豆花面。

成都餐饮界把这道美食引了进来，然后根据成都人的口味，重新研制了蘸水等佐料，因此成都的豆花面又具有了自己的特色，真正做到了"辣、麻、香、鲜、甜"俱存，可以说是给豆花面锦上添花，使其成了极富地方特色的餐饮招牌。

我特别爱吃豆花面，一则可以回味历史，不忘中华民族那段苦难的岁月；二则可以弘扬传统美食文化，使其代代相传。

地址  成都市锦江区署袜北二
      街 56 号
电话  028-86926526

恋上锦官城

冰醉豆花

　　成都的小吃历史悠久、品种繁多，其制作工艺不太复杂，供应方式灵活，实惠、方便、快捷。在激烈的市场竞争中，店家不断创新和提高自己的品牌形象，从而出现了一批具有浓郁地方特色的成都名小吃，在我国的美食宝库中占有相当的地位，其中豆花尤为突出。前不久，我陪母亲去逛春熙坊，顺便就去了署袜北二街的"西月城谭豆花"，品尝到了那里美味的豆花。母亲牙齿不好且喜欢甜食，她要的是红糖豆花，而我点的是冰醉豆花。

　　一会儿工夫服务员就将菜端了上来。冰醉豆花味道极好，它是由醪糟，也就是俗称的米酒，还有豆花加上枸杞调制而成的，吃起来口味香甜、酒香浓郁、豆花嫩爽。尤其在夏天，吃上一碗冰醉豆花，会带给你一份夏日的凉爽。冰醉豆花已经成为南来北往的食客们最喜爱的一道美食之一。

　　说到豆花，不由得就想起了孩提时代，当年母亲给我们做豆花，那是大费周折，要先把豆子浸泡好，然后用石磨推，再放进用纱布制成的兜帕里，在空中吊起的十字架上来回甩动，直到把豆浆完全挤压出来。挤压出来的豆浆用来做豆花，而豆腐渣也不能扔，还可以做豆腐脑，特别好吃。到此，就算完成了第一步。随后，就是用柴火烧开水，把豆浆放进去，等到一定时候，再放点石膏水，不一会儿工夫，奇迹就发生了，原来流动的豆浆，一下子就变成了嫩嫩的豆花。于是，母亲就会用刀子将其在锅里划成方格，一般一块就一碗，蘸上佐料，我们吃得津津有味。

其实，豆花在中国各地都有，只是称呼不一，有叫豆腐脑的，也有叫嫩豆腐的。不管怎么称呼，它作为一种大众食品，一直深受人们喜欢。在四川市面上豆花的品种极其丰富，比如红糖豆花、酸辣豆花、馓子豆花、酥肉豆花、过浆豆花等，而在成都众多经营豆花的店铺中尤以"谭豆花"最负盛名。

说到谭豆花，就不得不讲讲它的发展历史。谭豆花的创始人谭玉光是四川资阳人，1924年被抓去做壮丁，中途逃了出来，然后到了成都。为谋生计，他先是挑担沿街叫卖豆花面，后来生意越做越大，于是就租借门市开始坐堂开店，因此就在成都盐市口办起了家喻户晓的"谭豆花"，与当时的夫妻肺片、龙抄手、钟水饺、韩包子、师友面、陈麻婆豆腐、赖汤圆齐名。自此，这块金字招牌在成都名声大噪，到了第二代传人谭文彬的手里，得到了很好的传承；直到第三代传人谭冬生时，才在西大街86号开起了"小谭豆花"，使谭氏家族企业真正走进了历史新纪元；到了第四代传人谭固时，谭氏企业得到进一步发展，又在繁华的商业中心王府井旁，新添了一家"西月城谭豆花"。

在谭豆花，你不仅可以品尝到谭家的美味豆花，还可以品尝到诸如三合泥、麻酱凉面、红油水饺、咸烧白等数不完的成都名小吃。总之，你到了西月城谭豆花，就不用担心饿肚子。

小龙坎老火锅（春熙概念店）

**地址** 成都市锦江区东大街188号时代华章2层

**电话** 028-61999499

串起百姓新生活

# 小龙坎火锅

　　成都的迷人之处在哪里？是它的悠闲。一张方桌，几盏盖碗茶，光阴便在人民公园的梧桐树影里悄悄流逝。而成都真正让你不想走的地方，是它抓住了你的胃。如果细数成都的美食，那一定少不了街头巷尾弥漫的浓郁气味的火锅了。

　　网上流行一个段子，说在成都，不论是生日、乔迁、公司聚餐，还是朋友聚会，一旦约吃饭，必然是火锅。还有人说，这世界上没有什么是一顿火锅解决不了的，如果有，那就两顿。美食家说四川人爱吃火锅，是因为火锅辣咸鲜香，吃完大汗淋漓、酣畅至极，可以解郁除湿，适于四川气候。我觉得，成都人爱火锅还有一个原因，就是麻辣火锅和成都人的性格气质相仿，翻滚的牛油红汤，麻辣和油香相得益彰，五味调和之下，红汤炽烈，白锅清冽，正如成都人大浪淘沙的爱与包容的胸怀。

　　如果你是第一次到成都，朋友说带你去吃"苍蝇馆子"，你可千万别惊讶，成都人所说的"苍蝇馆子"，从某种程度上说是对饮食的褒奖。当你走过一条隐秘的小巷或是热闹的生鲜市场，餐馆隐于市，三五张桌椅，你只需耐心地品尝这来自市井的成都味道，一定能明白"苍蝇馆子"为什么这么受老成都人的喜爱。正因如此，即便是在成都一跃成为国际化大都市的今天，大大小小的火锅店，依然保留了浓郁的市井气息。

去年春节，我陪朋友去了小龙坎老火锅，这家火锅店生意特别火爆，我早有耳闻，却一直没有机会过来亲自品尝。这一次是多年不见的老友相聚，正好可以验证一下。当我们一行人来到火锅店时，首先映入眼帘的是大红灯笼高高挂、秦琼大战尉迟恭，正在我仔细欣赏着这深厚的文化底蕴时，服务员走了过来，热情地引导我们入座。店铺给人的感觉特别踏实和舒服，古朴的木窗棂特别有复古之风，再加上大厅里人声鼎沸，配合着端锅传菜的吆喝声、楼梯的吱嘎声，在氤氲的火锅雾气中，恍然穿越了时空，来到了辉煌的唐宋时代。直到我的鼻子嗅到浓郁的辣味时，才又回过神来。

当我从梦境中回到现实时，火锅已经摆到桌上，所点的菜肴也陆续上来，错落有致地摆放在货架上，规范有序。再看看店内的氛围，从店面陈设到用餐器皿，从锅中滚沸的红汤到饱满新鲜的菜品，无一不与小龙坎的风格相融，充满着粗犷的豪气。我随手夹起一片毛肚，其表面平整均匀，棱角分明，在灯光的照射下呈半透明状，经常吃火锅的人都看得出来，这选用的是毛肚最好的部分。然后，我将其放入滚烫的红锅中，经过简单地涮烫，毛肚便微微蜷起，此时还需等上片刻，待这一片毛肚吸饱了火锅的汤汁，再裹挟一些香油和香菜入口，吃起来脆嫩，辣而不燥，真是美得心窝都发痒。

毛肚打开了我的味蕾，坐在我身旁的朋友给我推荐起来，这道菜如何脆，那道菜如何美，于是我便把朋友推荐的菜品尝了个遍。放在玫瑰花瓣上的肉丸子，半封在冰里的鲜鹅肠，既好吃又好看，尤其是

牛肉，肉都是大块大块地摆在盘子里，然后配上些许小花作为点缀，颇有猛
虎嗅蔷薇的气质。端上来的菜肴，无不遵循着一个"鲜"字，这就让原本浓
郁厚重的火锅更具魅力。因此吃起来，不仅油而不腻，麻辣鲜香，而且回味
绵长，心里美美的。

　　吃完火锅已经天黑许久，出门一看仍有很多人在排队等候。临走，我又
回头望了一眼店里头，有三五好友也有情侣，他们的欢乐并不相同，但每一
双翻飞的竹筷，都是一头浸在盛满各类菜品的红锅中，另一头串联起都市人
的寻常生活。

圆圆川菜馆

地址　成都市锦江区龙舟南街 63 号

电话　13194991431

鲜椒鱼片

圆圆的味道圆圆的梦

成都美食最鲜明的特色是融入了街坊文化，巷子里的家长里短，街道上拥挤的车辆，还有生意做得风生水起的餐馆，共同演绎出川味十足的饮食文化。拥有 39 个居民大院资源的圆圆川菜馆，放下浮躁的心，坚持以低调的姿态默默地耕耘，历经无数个寒暑，逐渐把承载着数千年历史光影的传统川菜，烹制成了地地道道的美食盛宴。如今，细细品味时间的味道，感知圆圆川菜馆的魅力，犹如一股甘泉在心底汩汩流淌。

说起圆圆川菜馆，不知道的人少之又少，因为这家店不仅菜肴味道好，而且服务很贴心。前不久，我去该地采风，有幸体验了一回。圆圆川菜馆的川菜真是好吃极了。单说他家的鲜椒鱼片，那味道绝对是大厨范儿，让人流连忘返。鱼身上撒满了香葱、鲜辣椒和鲜花椒，鱼片做得鲜嫩爽滑，麻辣程度适中，无论口味还是卖相都会让你"爱得停不下来"。

圆圆川菜馆的鲜椒鱼片之所以这么美味，那是因为他们精心选择通威鱼作为主食材，而且现点现杀，保证了鱼肉的口感。调料更是特别讲究，那是大厨经过无数次尝试与改进，用几十种纯天然香料熬制而成的。因此，鲜椒鱼片成了一道让万千食客回味无穷的美味佳肴。圆圆川菜馆除鲜椒鱼片外，酥夹豆腐也是一绝，外皮酥脆可口，馅料鲜香，最美味的还是鱼香酱汁调味料。有了它，酥夹豆腐虽然经过了油炸，但仍旧鲜美，让顾客百吃不厌。

其实，成都的餐饮竞争非常激烈，圆圆川菜馆能在成都的餐饮业占有一席之地，绝对不是浪得虚名，它凭借其精湛的厨艺，贴心的服务，还有暖心的企业文化，深深地吸引了众多的食客。当然，这与老板的奋斗拼搏是分不开的。

老板给我讲，他16岁来到成都，接触到餐饮行业。创业道路布满荆棘，不仅是白手起家，而且问题多多，弄得他焦头烂额。但是，他坚持"以诚信为根本，以品质求生存"的理念，一步一个脚印，最终克服了一个又一个困难，切实把甜甜的、辣辣的、麻麻的味道，深深地种在了顾客的心中，给每一位来店体验的客人留下了深刻的印象。于是街坊邻居口口相传，使他的美味在人们的心中占据了一席之地，他也由此赢得了事业崛起的机会。然后，他用20多个寒暑的努力，打造出了别具一格的圆圆川菜馆。

享传统，思传承，创味道，圆圆川菜馆以地道的川菜、最好的味道赢得了人们的青睐，也赢得了更广阔的发展空间。到圆圆川菜馆用完餐，还可以去九眼桥、水井坊走一走、瞧一瞧，体验成都的民俗风情。

怪味回锅肉

地址　成都市锦江区工农院街
　　　14号附12号
电话　13438305169

简单食材极致享受

怪味回锅肉

　　成都作为美食之都，美食众多，举不胜举。作为成都人，最离不开的还是回锅肉，因为回锅肉下饭最地道，没有了它，四川人就会食之无味。回锅肉又称熬锅肉，是四川小吃第一菜，在当地人人会炒、家家会做，且咸淡甜浓，各有所长。究其来源，据说与当地祭祀有关。相传祖先祭鬼神时，帝王和大户人家用牛、羊、猪三种动物，而一般平民百姓只能从集市上买一块"二刀"肉，即半肥半瘦带皮的猪后腿肉，将其放锅里不加调料用白水煮至七八分熟，再放到祭台上祭祀。礼成，肉已冷，再放进锅去煮会变味，不好吃，先辈就用蒜苗、红椒或大头菜丝将其回锅爆炒，爆炒后肉片四周微卷，形似灯盏窝，亮油后再起锅，亮晶晶、油汪汪的肉片夹在蒜苗、红椒或大头菜丝间，扑鼻的香味能让满院子的人都闻得到，真可谓色香味俱佳。

　　回锅肉种类很多，有家常回锅肉、旱蒸回锅肉，还有连山回锅肉等，但在成都的美食圈中，最让我印象深刻的还是怪味回锅肉。

　　不久前的一个周末，我到锦江区桂连路附近办事，时至中午时分，已过

单位用餐时间，我向附近的居民打听，哪里有味道地道的餐馆，以便就近用餐。有居民给我讲，附近有一家很受欢迎的餐馆，他们家的回锅肉是一绝，很多食客都爱去那里。于是，我按图索骥，顺着街巷，很快找到了这家餐馆——怪味回锅肉。进到店里，我连菜单都没看，就直接报了菜名，一份怪味回锅肉，还有一份酸菜粉丝汤。

老板动作神速，没等几分钟，所点的回锅肉就被摆上了餐桌，肉片肥瘦适度，金黄油亮，似乎油星儿还挂在肉片上，鲜嫩的小青椒点缀其中。该店的怪味回锅肉，犹如一股清风，在城市里徜徉吹拂，轻轻地吹皱了人们激越而好奇的心，真正独显了回锅肉的特色与魅力。

这道风味独特的怪味回锅肉，不知厨师是如何做出来的。我趁休息之际，问及这家店的厨师——张师傅，这才知道他从小就喜欢把不同蔬菜和肉类进行混搭，因此创造出了不少美食。有一天，他在家里吃怪味胡豆时，突然萌发了一个念头，琢磨起回锅肉的创新来，从此他开始了长达10年的美食探索。他将精选的上乘五花肉，配以自己秘制的调料，再加上小青椒的搭配，终于制作出了这道令人称绝的怪味回锅肉。

当然，这家店除了这怪味回锅肉，还有其他特色菜品，例如豆瓣鱼，原是四川最常见的菜肴之一，传统制法都是用家常做法，而张师傅则用鲜鱼配豆瓣，对其进行精心烹制。做好的豆瓣鱼汁色红亮，肉质细嫩，芳香浓郁，而且吃起来咸鲜微辣，略带酸甜，也是人们的挚爱。

张师傅告诉我，附近居民尤其是年轻人，下班后都爱来他店里用餐。店内没有过于浮华的装修，也没有大餐馆那样的灯红酒绿，有的只是简约至极的朴素美。店里的怪味回锅肉，香气沁人心脾，味道极好，吃过一次就会忘不掉。

独门驿·川派烤肉（龙舟路店）

**地址** 成都市锦江区龙舟南街68号

**电话** 028-86718168

带有江湖范儿

## 独门驿烤肉

说起烤肉，在成都不仅有遍布大街小巷的韩国烤肉，还有近几年来兴起的西昌烧烤等各式烤肉，但要是提起店面有些江湖范儿，老板又是个户外爱好者，很多人的第一反应就是独门驿·川派烤肉。

关于这家店的创建缘由，还有个小故事。这家店的老板是个山东小伙子，喜欢到处游山玩水，也喜欢做菜。虽徒步于山野之间，却对美味特别执着，坚信自己就是美味的创意家，所以他每次徒步必带鲜肉美酒。扎营山间，辟张石板，一块烤肉，一瓶好酒，便是他的独门技艺。从山东到北京，再到成都，一定是成都好山、好水、好人留住了这样一个人。他在成都安家聚友，依然喜欢做烧烤招待大家，于是在友人们的撺掇下，"独门驿"就这样诞生了。

我是个典型的"好吃懒做"之人，虽然有张好吃的嘴，但要我动手，一是手艺不精，二是觉得累。于是，吃烤肉几乎是我能避开就避开的事情。但一位好友反复向我推荐这独门驿·川派烤肉，于是我决定与他相约去领略一下它的独特之处。

如果说成都的餐饮江湖藏龙卧虎，那独门驿·川派烤肉便是这江湖中的翘楚。我借助着导航加超强的找路功夫，才算是找到这家不大的烤肉店。门口的石狮昂首挺立，精神抖擞地迎接来这里的每一位食客。位置偏、门面小，这究竟是怎样的一家烤肉店？我带着心中的疑问推门而入。踏入门内，有些惊讶，门内的场景犹如桃花源一般，仅一门之隔，却隔绝了外面的市侩嘈杂，迎面而来的是粗犷的江湖气息。

朋友未至，我便仔细端详周围。窗边摆放着锃光瓦亮的古代兵器，旁边还有门神画像守护，虽然偶感这样的小店有些粗犷，但并不妨碍其干净简洁的用餐环境。墙上挂着许多风景画，让我忍不住向店员问起这些画的来历。一问才知道，这是老板到各地去游玩时留下的纪念。

在我打量四周之时，人终于聚齐，友人娴熟点菜，马上开启品鉴之旅。在店家配菜的闲暇，我才发现桌上还有一本《独门秘籍》，翻开一看，里面竟是老板为厨艺小白准备的每道菜的详细烤法，从火候到手法详细之至，看得我也有跃跃欲试的冲动。菜品如数到齐，让我惊讶的是，这样的地方还有鹅肝，因为鹅肝本是西餐厅常见的食材。我把鹅肝往烤锅上一放，油脂带着香气四散开来，不过就几十秒的工夫，两面便呈现出了金黄色，从来就抗拒腥味的我也忍不住尝了一口，温润的触感，柔柔地滑过我的味蕾，这是让谁都无法舍弃的口感。我看着新鲜饱满的食材在烤锅中翻腾，听着锅里发出滋滋的声音，竟感到无比的快乐与幸福，惊觉大抵食物所谓的烟火味儿，也就是这样传达着幸福的满足感吧！

在独门驿小店里面没有云端之上的规矩，只有谈笑风生的江湖，你来我往之间，讲述着各自的故事，这大概也是老板开店的初衷：大口吃肉，大口喝酒，分享彼此的江湖。

降龙爪爪

地址 成都市锦江区静安路7号川师南大门校园广场

电话 18030809522

降龙爪爪

时而温情时而火辣

算得上半个美食家的我，真是走到哪里就吃到哪里。人生对我而言，似乎就是一个吃字了得。就说那天到四川师范大学办事，结束后时间不早了，我就随便去了一个附近的美食城。我一眼就看中了降龙爪爪，那金黄的色泽，还有诱人的清香，使我没有半刻的犹豫，立即决定买上几只来品尝品尝。

见我要买，服务员给我讲："先生，降龙爪爪有三种味道，看你选哪种？""有哪三种啊？""卤味、火锅味、冬阴功味。"我一听还有冬阴功味，感到特别奇怪，便不加犹豫地买了三只冬阴功味的。服务员麻利地给我拿了三只肉质软糯、火候恰到好处的降龙爪爪。

我拿起就吃，显然吃相有点难看，服务员便给我讲，吃降龙爪爪有秘诀，不能像我这么吃。吃爪爪的攻略有三步，也就是一吸，皮肉皆掉；二抿，入口即化，满口胶原蛋白；三咬，骨头汁吸出，暖香入胃。走完这三个步骤，能最大限度地解放你的味蕾，让你品尝到那一刻仅仅属于你自己的美味。我像小学生一样，照他说的做了，果真味道特别好。

吃着香香的，自然要赞美一番，美女老板见我这么捧场，便自豪地给我讲："我家冬阴功味的耙鸡爪味道独到。当然，要做出冬阴功的味道，可不是一件简单的事儿，选料上就特别讲究，选择上好的泰国青柠那是必须的，还得配上泰国当地才有的南姜，同时佐以新鲜的小米辣、顶级香茅等辅料，然后进行精心熬制，最后将卤制好的耙鸡爪放入汤料中。出锅后，鸡爪肉一抿即化，伴随着青柠、香茅、南姜的清香，瞬间在口中散开，在你意犹未尽的时候，一点点微辣再次袭来。这时，一咬鸡爪的骨头，鲜美的汤汁四溢，那味道好得不能再好了。"

老板继续给我讲，他们的降龙爪爪味道好，无论是火锅的麻与辣，还是冬阴功的清香与微酸，或者老卤的厚重与深沉，无时无刻不在刺激着那已经打开的味蕾，只要一口下去，满嘴的软糯与汤汁的流溢，准会让你恨不得连骨头都吞下去。

鸡爪是很多人的最爱，品种也很多，如泡椒凤爪、卤鸡爪、红烧凤爪等。如今耙鸡爪中新颖的鸡爪的吃法，又闪电般地出现在食客的面前，一听名字就知道其是因为软糯而得名。

说到耙鸡爪，自然与身边的这位美女老板有关了，但我也不知道，一位美女怎么会爱上鸡爪。不但爱上了，而且她还把它做成了事业。见我问及此事，老板便给我讲起了她的故事。她和其他小孩一样，小时候就特别喜欢吃鸡爪，后随着求学、就业，时间一长也就慢慢地淡忘了这道美食。直到结识了她人生中的一位好伙伴，让她再一次把深藏心底的美食变了个花样呈现给人们。

我问她："为什么叫降龙爪爪？"她说："有一天，一位朋友突发奇想，把鸡爪放到砂锅里煮得很软糯，然后丢到麻辣烫里一泡，后来被同样喜欢美食的我发现捞起来吃，然后我只说了一句'好吃死了！'两个人就脑壳发热，辞掉工作开始卖鸡爪。我是超级金庸迷，喜欢江湖，喜欢随性，降龙十八掌在武侠当中属顶级武功，我也希望把它做成鸡爪界的顶级，于是引用'降龙'两个字，也就有了'降龙爪爪'之名。"开店初期，为了找到最有特点的味道，她走遍大街小巷，吃过不少的卤菜、鸡爪，四处讨教卤料及底料的制作方法，得到很多资深人士的帮助，最终制作出了独具特色的耙鸡爪。要做好这道美食，不仅在鸡爪的选择上有要求，而且其他各种食材都得精挑细选，小到一颗花椒都特别讲究，待食材弄好后，还要用大火煮、小火煨6~8个小时，鸡爪才会软糯多汁。

　　我一边听一边吃着鸡爪，不由得回想起小时候最喜爱的就是隔壁大婶家的卤菜了。母亲每次去她家总会给我们带点儿回来，记得我最喜欢的菜肴就是她家的卤鸡爪，常常是一拿回来，大家就会蜂拥而上，抓起来就开始啃，很是满足，以至于鸡爪成了我的最爱。虽然时过境迁，这种行走的美食，渐渐淡出了我的视线，但今日与其相遇，心里还是有种怀旧的情结。

## 武侯区
### 武侯祠中蜀汉盛，
### 锦里深处川菜香

 >>>>

　　有两千多年历史的蜀汉文化，深深地影响着成都人，那些传统的美食，至今都流淌着历史的记忆。你要是到了成都，能够在武侯区找到一家美食店，认真地享受一番，那你就等于领略到了成都美食的灵魂，因为武侯区的美食道道都是成都的印象。

寻味成都

李长清三大炮

地址　成都市武侯区武侯祠大
　　　街231号锦里小吃街

电话　15680918777

三大炮

视觉和听觉上的美食盛宴

　　"青羊宫真热闹，糖油果子三大炮。三合泥不要票，只怕包包要挤掉。"
这首在成都流传甚广的民间童谣，真实地反映了昔日花会的盛景，也呈现了
三大炮的魅力。时至今日，每当三大炮的声音响起，依然能看到人头攒动的
热闹景象。

　　有一次，我陪母亲去逛老成都九条巷，在春熙坊唐宋美食巷里，与李长
清三大炮偶遇。那天运气很好，恰遇电视台在此拍摄纪录片，围观的游客里
三层外三层的。我发现，这三大炮声、色、味兼具，不仅可以调动人的嗅觉、
味觉，还可以调动人的视觉与听觉，制作时能吸引众多食客驻足观看。在九
条巷的众多美食中，三大炮是首屈一指的表演型美食。

　　于是我也加入排队购买的行列。等了不知多长时间，终于轮到我了。店
主把三大炮端上来，一个非常精致的盘子，盘中盛着三个如手球大小的糯米
团，上面撒着白芝麻和黄豆粉，并淋有红糖汁。细腻白润的糯米团，好像是
三颗硕大无比的珍珠，散发着阵阵香味。我带着满满的期待尝了一口，甜津

津的，咬一口，细腻柔滑，香软酥甜，余温犹存，带着蔗糖的香甜，让我不由得想起了儿时的味道，忍不住又吃了第二口，看到盘底的红糖汁剩下不少，我便把三大炮中最后一个夹起来，在糖汁里转了一圈，三大炮立即变成了糖球似的，还来不及更多地品味，顷刻间三个糯米团就吞进了肚里，再慢慢品味，感觉这三大炮比其他甜品，不知要好吃多少。

　　说起三大炮这道成都的名小吃，就不得不提李长清，他是成都三大炮的创始人。二十世纪三四十年代，李长清凭借家传几代制作糍粑饼的手艺，与父亲来到成都谋生，每日沿街挑担，早出晚归，只能勉强维持生计。初出茅庐的李长清并不甘心如此，他白天在外走街串巷，夜里便在家苦心钻研。在数年经营过程中，他凭借对市场的了解，逐渐吸取成都名小吃"珍珠圆子"的优点，结合祖传糍粑饼制作手艺，推陈出新，做出改良，自家的糍粑不再干烙成饼，而是揉捏成团，再蘸以黄豆粉、红糖汁。这种新奇食品因口感香甜奇特，一鸣惊人，深受老人和孩子们的喜爱。可当时叫不出名，由于制作时从案板的一头抛向另一头，落地时会发出如"弹丸"一样"当、当、当"的响声，加之通常三颗为一份，人们便将其戏称为铁炮、火炮、枪炮。李长清想，干脆就把这种小吃叫作三大炮吧！从此，三大炮便名扬天下。李长清后来将其店名就取名为"李长清三大炮"。

　　精明能干的李长清抓住机会，将三大炮引入青羊宫花会，使之在众多小吃中崭露头角，当即为成都好吃而又喜新鲜的市民所接受，生意特别红火，因此很快就与当时的张凉粉、糖油果子并称为花会间食之霸。后来，由于顾客特别喜欢，他又把店铺搬到了人气更旺的武侯祠大街。

　　三大炮作为成都传统特色小吃，在口味上甜而不腻、香软可口，备受人们喜爱，其独树一帜的表演制作形式，更是让人们在品尝美食之余，享受到视觉和听觉上的美食盛宴。三大炮制作特别讲究，先要将糯米浸泡一天以上，滤干水，置木甑里蒸熟后，倒入容器舂烂至胶状，再捏成糍粑团置于案板上，在案板一边放上茶馆常用的金属茶船，用力将糍粑团抛向对面斜靠的竹箕上，使其滚入下面装满黄豆粉的竹箕里，然后将裹满黄豆粉的糍粑团装入碗中，浇上糖汁，送至食客手中。

　　随着三大炮的声名远扬，李长清三大炮传人相继应邀参加东南亚等地美食展及交流活动，让成都传统美食走出了国门。三大炮，历经沧海桑田，夹

杂人间烟火，它不仅承载着成都的记忆，同时见证了城市的变迁，也与社会一同在阔步向前。

三顾园

| 地址 | 成都市武侯区武侯祠大街 231 号 |
| 电话 | 028-66311388 |

爽辣最开心

## 伤心凉粉

　　洛带古镇的伤心凉粉名扬天下，几乎成了洛带古镇的代名词。但是，洛带毕竟离成都市中心还有几十里路，要想吃上一顿伤心凉粉也不是那么容易。不过，成都作为历史文化名城，又是美食的天堂，要想吃顿伤心凉粉，又有什么困难的。武侯祠锦里的伤心凉粉，就同样是一绝。

　　说实话，美食不是靠名气吹出来的，而是靠实力拼出来的，即便锦里深居城中，如果没有货真价实的美食来支撑，也是难以得到食客们认同的。锦里的伤心凉粉，无论色香味，还是价格，都是吸引国内外游客的。因为越是在繁华的都市心脏，竞争就越激烈，例如青羊宫、杜甫草堂、金沙遗址等著名景点附近，哪一处景点没有这道美食？可是，我独爱锦里的伤心凉粉，当你走进锦里充满历史文化气息的建筑群时，看那人潮涌动的街市，再回过头来看看这飘香的美食，它的味、情、神都会牵绊着你的脚步，让你流连忘返。

　　有一次，因为那附近的春节大庙会很是热闹，我们一家人去了锦里，选择在三顾园就餐。这家店的文化氛围浓厚,进门处是三顾茅庐浮雕画,画中的典故深入人心,与店名非常契合。还有那水牌子上,特色的小吃可多了,诸如三大炮、毛血旺、蹄花雪豆等,举不胜举。母亲和儿子都点了自己喜欢的甜食,而我喜欢辣味,便点了一份伤心凉粉。说到凉粉,四川人都不陌生,而且家家户户都会做。先要把豌豆磨成粉,用冷水调成糊,然后烧开水,把豌豆糊倒进锅里搅拌至熟透,然后倒进一个盆里冷却。吃的时候,把凉粉切成条,放进碗里,再拌上调料汁儿,一碗可口的伤心凉粉就做好了。

这家的伤心凉粉和我们小时候吃的不一样,虽然清香爽滑,但比家乡的凉粉更辣,那种辣不是麻辣,也不是鲜辣,更不是微辣,而是一种渗入骨子里的辛辣,辣得简直让人掉眼泪。店家告诉我们,这都是因为放了油泼辣子的缘故。凉粉这道美食遍布四川各地,但能够如此辣的,锦里的伤心凉粉要数第一。

这凉粉实在太辣,辣得我泪流满面,儿子在一旁笑着说:"婆婆(四川方言,一般指祖母或外祖母),您看爸爸都被辣哭了。"后来店家告诉我们,伤心凉粉的"伤心"二字,不是指人真的伤心,而是指调味汁儿,因为这凉粉的调味汁儿太泼辣,无论谁吃了都会被辣得直流眼泪,看上去好像是伤心哭泣一般,所以人们才叫它伤心凉粉的。

品尝完美味,填饱了肚子,我们又去赶庙会。想看看夜晚的武侯祠有多美丽,也想看看锦里的景色多漂亮。说到锦里的美景,那是非常值得一看的,因为锦里是依托武侯祠三国文化打造出来的,是成都的一张文化名片,每年至少要接待数百万国内外游客。为何游人这么多呢?这是因为到了锦里,可以领略蜀汉文化的古典美,感受市井文化的自然美,同时还能品尝到美味的餐饮。如果想要品尝成都的美食,你来锦里就对了,这里汇集了成都上千种特色小吃,绝对能满足你味蕾的需求。

总而言之,你若到了锦里,先去三顾园吃碗伤心凉粉,等把你辣得全身发热时,再去欣赏锦里的三国文化,绝对是一种美妙而极致的享受。

大龙燚火锅（玉林总店）

地址 成都市武侯区二环路南
　　　三段9号附3号

电话 028-85226200

让世界爱上成都味

大龙燚火锅

说到吃，如今的夫妻肺片、胭脂饭等，都难以吸引"90后"的胃，需要用新的美食去吸引他们。但是，不管时间如何流逝，社会怎样变迁，火锅仍旧是成都人的首选。

对于好吃的我来讲，每每想到川味火锅时，脑海里总是会浮现那家以浓浓的牛油香味，还有极重火辣口感而成名的大龙燚火锅。因为它能让简单的食材在那看了就让人忍不住咽口水的红汤中摇身一变，成为人人称赞的美食，这自然考验厨师的功底。能在火锅花样百出的成都站稳脚跟，可见大龙燚火锅有独特的经营之道。

常听朋友讲，火锅味香飘十里，美味留独享万年。不知是因为心中想吃火锅的欲望过于强烈，还是现实便是如此，刚过二环路便闻到了浓烈的火锅味，肚子顿时发出了让我脚步加速的信号。于是，我不自觉地加快了脚步，很快就来到了这家久负盛名的火锅店。因为来的时候恰是饭点，已有不少的食客在外排队等候了。为了一饱口福，我也只得在外面安静地排队。

在饥饿中等待了许久后，终于如愿以偿地坐在了火锅前。对于一个"久经沙场"的美食爱好者来说，没有什么比一份火锅更容易让其在严冬里感到火热的了。不变的麻辣红油汤底，用浓汤与辣椒、豆瓣、豆豉、醪糟汁、冰糖、精盐、黄酒、香料等多种调味料熬制而成，看似关系不大的几味食材，在厨师的精心搭配下，成功地演绎出了一场令人意想不到的美味盛宴。

五味调和，比例恰当，这是判断火锅汤底是否完美的标准。这五味调和，其中蕴涵着此消彼长的微妙关系，因此在进行火锅调味时，各种调味料的比例要恰当，这样才能掌握好咸与甜、麻与辣这两对在火锅中占主导地位的味道之间的内在关系。巴蜀大地的人们似乎独爱麻辣二字，一锅红油汤底就是最好的证明。牛肉、香肠、黄喉、毛肚、鸭肠、脑花、肥肠、鱼皮……仿佛火锅将这天下的食材都纳入了自己的食谱之中。

说话间，红油汤锅开始沸腾起来，各式各样的食材在艳红的水面上尽情地翻滚，充分彰显着自己作为食物的诱惑力。经过涮煮的脆爽的牛肚，还有嫩滑的牛肉，丝柔的脑花，劲爽的香肠，无一不在挑逗着你的食欲。席间来上一罐维生素饮料，还能缓解那一抹艳红所带来的杀伤力。但是，嘴唇上残留的酥麻，却似乎还在提醒着刚刚辣与火的交锋。

直到吃得肚子鼓鼓的才不甘地放下筷子，这场火锅的战斗才宣告结束。

于是主动起身，抖擞精神，心满意足地将这个"战场"交给后续的"战士们"。一位接着一位，一拨接着一拨，在来来往往的人流中，夹杂着满心期盼地到来与心满意足地离去。火锅的味道也随着食客的赞赏，飘得越来越远。

火锅的历史悠长，特别有文化积淀。早在战国时期，中国人就已经在用陶罐吃着最原始的火锅了。随着时间的推移，社会的变迁，火锅的做法变得更为灵活，既可简也可繁的饮食方式，成功地捕获了热爱美食的人们的心。古时上至皇宫贵族，下至黎民百姓，无不是围着火锅在把臂共话，举箸大啖，那场景温情荡漾，洋溢着热烈融洽的气氛。

如今的火锅，随着商贾、游子的传播，已在全国各地生根。当地人又结合本地特色，极尽所能地创造出了具有地方特色的火锅。如广东的海鲜火锅，涮的是海鲜，最讲究味道鲜美和吃的情趣，食而不腻，味美无穷；苏杭一带的菊花火锅，火锅汤汁为鸡汤或肉汤，并辅以肉、鱼、鸡等薄生片与菊花一起涮着吃，清香爽神，风味独特；云南的滇味火锅，特点是火锅中一定要放云腿，食时配以香菇、鱼肉等生料，鲜嫩香辣，饶有风味；重庆的毛肚火锅，具有原料多样、卤汤浓鲜、麻辣醇香之特点。

火锅食法虽然众多，且各有千秋，但在这些火锅中，独有成都火锅最具特色，它辣而不燥，麻而不涩，香而不烈。因此，有机会到成都旅行，与火锅来一场相遇，绝对会带给你满满的收获。

陶记蛋烘糕

地址　成都市武侯区武侯祠大
　　　街 180 号附 38 号
电话　13550057680

本土味道最浓烈

老成都蛋烘糕

　　大年初六，我们一家人到锦里游玩。锦里人气旺，美食多，让人眼花缭乱。我们转了一会儿，感到肚子饿了，儿子要吃饭。吃什么呢？向一家卖工艺品的店家打听，他们介绍了一家蛋烘糕店。当我们走到那里时，看到店门前简直人山人海，儿子特别好奇，便拉着我挤了进去，眼前的店招特别醒目，叫陶记蛋烘糕，店前顾客争先恐后地抢买着蛋烘糕。虽然店面不大，但却很有人气。

　　儿子和我都很好吃，不自觉地也加入了排队的行列，准备品尝一下蛋烘糕的美味。排了许久，我们终于来到了店前，由于品种特别多，我们每样都买了一个，然后拿出来大家各自挑选。儿子喜欢草莓味的，我选了奶油味的，而母亲则选了肉松沙拉馅的。因为陶记蛋烘糕在技师的努力下，汇聚了南北美食之精髓，相继推出了更具特色的"内馅"，譬如肉松沙拉、川辣贡菜、炼乳酥片等，使蛋烘糕在传统口味的基础上发扬光大，更加肆意地"挑逗"着八方食客的味蕾。

　　我轻轻地咬了一口，蛋烘糕内的奶油就跟着流了出来，洁白如雪，又像流淌着的美丽瀑布，让人见了简直有不忍再食的感觉。不过，虽然心有不舍，但我已口水直流，还是忍不住继续品尝起来。味道甜甜的，让人心里有种说不出的温暖。总之，奶油味的蛋烘糕，奶味浓而不腻，口感顺滑，最好趁着刚出炉的热气吃，又暖又香，口味更佳。倘若你够细心的话，还会吃到脆脆的东西，那是老板添加了秘制的原料，然后烘烤出来的，因此就有了脆脆的、香香的感觉。

　　这么美味的蛋烘糕，我居然是第一次吃。心里便产生了学习的想法，于是问起了店家。他饶有兴趣地告诉我，在清朝道光年间，店家的祖先在给小孩办"姑姑筵"时得到启发，使用鸡蛋、面粉、蜂蜜、红糖等为材料，来秘制一种自己喜爱的美食。哪知道，经过传统工艺烘焙出了"蛋烘糕"，金黄酥脆、油亮饱满、口感极佳。于是他便拿到市场上去卖，结果深受人们喜爱，而且经久不衰，于是就成了成都知名的小吃。

　　不过，也要感谢店老板，是他乐于传承祖先秘制的美食技艺，才让我们能品尝到这道美食。蛋烘糕属于小吃类，工序看着不复杂，其实工艺特别精细，每一步都不能出错，倘若没有多年的经验，是很难做出这样的美味的。我在与老板闲聊时，也向他请教了蛋烘糕的制作流程。首先把面粉、鸡蛋等原材料放在盆里，注意盐不要和酵母放在一起，将其搅拌成无颗粒的面糊，盖盖发酵一个小时左右，待到面糊膨胀起泡泡时，说明面发酵好了。把平底锅放好，锅内不要放油，用勺子舀一勺面糊，摊在锅里，再小火加热到其表面起蜂窝状，最后铲出卷起来，一份色鲜味美的蛋烘糕就做好了。

　　当然，在陶记蛋烘糕店里，除了蛋烘糕，还有豆花等其他小吃。这些美食，不仅可以填饱你的胃，同样可以给你留下深刻的印象。因此去锦里游玩，你不妨先去逛逛景点，感受蜀汉文化的独特魅力，然后再去陶记蛋烘糕，用你的舌尖去感知成都美食的味道。

麻辣空间（武侯祠店）

地址　成都市武侯区通祠路 39
　　　号一江城花 2 楼
电话　028-85575500/85575522

麻辣空间

让你的味蕾欢心舞蹈

　　常有外地的朋友会问我，川派火锅和渝派火锅有什么区别，我只能说平分秋色，因为人各有爱，喜欢重口味的食客，可以选渝派火锅，而喜欢清爽、鲜香、麻辣口味的，那地道的川派清油火锅，一定是你味蕾需求的首选。按理说，我应属于前者，然而在我到成都定居之后，偶然邂逅了麻辣空间的川派清油火锅，才发现原来清油火锅也可以这样回味悠长，令人念念不忘。

　　今年春节期间，在广州工作的同学来成都，他是我最好的朋友。我决定安排一顿地道的川派火锅，好好地款待一下他。于是，带他去了我常去的麻辣空间用餐。没一会儿工夫，我们就到了麻辣空间，进到店内，见其六边形的墙面上挂满了黑白的老照片，这些照片是成都变迁和这一家老店成长的历史。本以为过年期间人不多，能够在清静的环境下分享美食，没想到这里热闹得很，桌位都被客人坐满了，这咕嘟咕嘟冒着热气的火锅，让成都也有了年味儿。

　　我们大概等了 20 分钟才被安排入座。每次在麻辣空间吃火锅，有 3 道菜是我必点的，第一个是农家手工黑豆腐。我本身就喜欢豆腐这个食材，因为它含有丰富的蛋白质，对女性来说更是一道极好的食物，加上这家的黑豆腐是由黑豆加黑芝麻磨制而成的，口感非常细腻且豆香浓郁。当然，豆腐的故事也是让我喜爱的一个原因。相传汉高祖的孙子刘安发明了此菜，说是当年他在八公山上修炼，长年累月吃素，寺院的住持就给他准备了点水豆腐，没想到刘安特别喜欢，就要求一直吃这道菜，加之其味道鲜美，百姓也特别喜欢，这道菜就慢慢流传开来。第二个是鲜虾滑，这里的虾滑像一个粗犷又放荡不羁的"韩剧大叔"。因为它是用真材实料的虾肉粒制作而成的，跟添加了大量淀粉和调味剂的虾滑完全不是一个口感。第三个是极品黄喉，我吃过很多餐馆的黄喉，觉得麻辣空间的黄喉口感最好，撒了鱼子的黄喉更具特色，且不管下锅多久口感依旧爽脆，再配合麻辣的酱料，比起用香油做调料来又是另一番享受。

点好菜后，服务员开始上锅底，麻辣空间的锅底都是独立包装，现剪现倒，服务员还会有一番讲解，给大家一种吃得放心、吃得透明的好感，随着一股菜籽油的清香扑面而来，这让我们的饥饿感倍增。接着，我们把新鲜的食材下锅，煮沸，一股香气袭来。当煮好的食材入口，咀嚼几下，瞬间感到麻在先辣在后，且之前一直潜藏在无渣清油锅底中的花椒麻素在口中炸裂，麻味醇正鲜爽。随后是辣味的推进，带来持续不断的味觉刺激，真的能让你的嘴巴跳起舞来。麻辣，浸染着浓厚的四川民俗风情，就如同四川人那种朴实、热情好客的真性情。麻辣空

间的火锅既打破了传统火锅重口牛油的束缚，让人吃着不上火不油腻，又不失麻辣鲜香。

在大家相谈甚欢的时候，我开始打量起这家店面来。说实话，这家店重装升级后，我还没有来过，今日有幸再来，就细细地观察了一番。发现它的风格以火锅博物馆为原型，将辣椒的红、新鲜的绿、油菜花的黄作为主色调，并巧妙地融入设计中。客观地讲，我喜欢现在的绿色主色调，看到它就仿佛把餐桌搬到了田园。绿色的装点，加上透明的厨房，可让食客无死角观看到食材的处理，这种视觉和味觉的和谐交融，还有不可复制的麻辣鲜香，使你味蕾大开。到麻辣空间，感受的不只是美味的火锅、舒适的环境，还有麻辣空间传递的一种文化：快乐、时尚、新鲜与健康。

用过晚餐，同学对麻辣空间的火锅味道赞不绝口，忍不住感慨起来，说不知道下次何时才能相聚，并再次吃到这正宗的火锅了。"现在交通便利得很，回来不过是分分钟的事儿。"我给同学讲，"麻辣空间在全国开了100多家门店，广州也有麻辣空间了，而且还可以把底料买回家，想吃随时做，买回家的底料味道一样醇正。"因此，同学还带走了4袋底料，说是这的味道好，回去难找。不管煮大锅小锅，不管是一人两人，甚或家庭聚餐，这家乡的味道总会让他们记忆犹新。

碧盒春卷

地址 成都市武侯区武侯祠锦
里九品街 21 号

电话 13880965905

锦里的魂

春卷的心

成都武侯祠大庙会期间，张灯结彩，特别热闹，人山人海的，简直寸步难行，足见三国文化的巨大吸引力，我这个三国迷自然也去逛了一趟。虽然去过武侯祠很多次了，但每次的感受都不同，这或许是时代在进步的原因，因为每次去都可以看到不一样的东西。就说今年，我除了一饱眼福外，还一饱了口福。

说到口福，我不得不讲讲碧盒春卷。我们从锦里正大门进入，然后一直靠着右边走，没走几分钟就到了酒吧一条街，赶庙会的人接踵而至，热闹非凡，再往前就是牌坊。来到牌坊，径直去铜雀台，翻过一座小桥，就看到一片古色古香的建筑物，颇具三国文化的味道，不过这是仿造的，并不是蜀汉时期的建筑。建筑群中有一家名为碧盒春卷的店铺，专门卖成都传统小吃，已经在此经营 10 多年，他们家的春卷可好吃了。

春卷好吃不好做，工艺特别讲究。因为春卷既要保证味道鲜美，还得做出来好看。先说做皮，在做皮时，一定要把握好温度，否则皮就容易破，不能成形。做馅就更有讲究，春卷的馅都是蔬菜，有白萝卜丝、胡萝卜丝、青笋丝等，但不是直接把这些蔬菜切成丝就行，而是先用盐进行腌制，腌制好后再配佐料，尤其要把握好盐的用量，多了会咸而味涩，少了会食之无味。除用盐量有要求外，蔬菜腌制的时间也很讲究，不能腌得太久，因为腌制时间久了会影响食物本身的味道，而且吃起来也不脆。所以，腌制时间要适宜，才能保证蔬菜本身的味道，吃起来才会清脆爽口。最后一道工序就是淋上酱汁、红油，同时撒点葱花、芝麻等。做春卷，就这三步，说起来很简单，但做起来不容易，譬如做皮，除刚刚讲的要把握好温度外，还要做得厚薄一致，否则就卷不起来。

店老板十几岁就出来闯天下。刚开始时，他做的还是民间春卷，而且只做一种口味，多是在城市里的小巷卖。到了 2000 年，武侯祠锦里开街，给他的生意带来了生机，他入驻锦里，开始专注做春卷。虽然只做民间传统的春卷，但深受食客好评，顾客天天络绎不绝。

随着顾客量的增加，一种春卷已难以满足大众的需求，于是他便开始进行创新，先用绿豆皮来做春卷，结果取得了成功，很快俘获了食客的胃。随之他又做起了豌豆皮、红薯皮春卷，没想到也很受欢迎。后来，他把他家的春卷取名为碧盒春卷，既有珠联璧合、家和人和万事和的意思，又显得洋气时尚。如今碧盒春卷已在成都开了不少连锁店。

春节到锦里逛庙会，我直奔碧盒春卷，点了一份春卷。服务员递过春卷，我拿起来就狼吞虎咽地吃了起来。碧盒春卷的春卷，不仅色泽亮丽，而且味道特别鲜美。不仅如此，他们的春卷还有很多种类，如麻辣的、酸辣的、糖醋的，你喜欢什么就可以点什么，样样包你满意，真是好吃极了。我点的是糖醋的，春卷入口，那酸酸甜甜、清脆爽口的味道让你吃了就不想停下来。

阳光院坝小龙虾（九眼桥店）

地址　成都市武侯区九眼桥太平南新街一环路南一段 2 号

电话　028-69183888

## 院坝小龙虾

### 刮起了一场美食风

　　前不久，朋友说想吃小龙虾，于是我们去了阳光院坝小龙虾。到了餐馆，我们选了一个靠角落的位置，幽幽的灯光加上大厅中播放的轻音乐，特别有情调。"一张褪色的照片，好像带给我一点点怀念。巷尾老爷爷卖的热汤面，味道弥漫过旧旧的后院……"刚刚从繁忙的工作状态中走出来，听到这曼妙的歌声，心情随之放松了下来。

　　我们点了两份虾：油焖虾和清蒸虾。两种虾可以说是两种极致，油焖虾是典型的川味，辣！那种辣一入口我就感觉有团火直冲头顶，感觉整个人一下子就要疯狂起来，似乎在演唱会现场跟着鼓点一起挥臂呐喊，那种放飞自我的状态只想再来一口！清蒸虾可谓是简单至极，没有任何修饰，原汁原味的清鲜，不经任何渲染，鲜美得纯粹，蒸熟的小龙虾可以直接吃，品尝地道原味，也可以蘸料来吃，我更偏爱后者，因为在我的眼里，蘸料才是画龙点睛之笔。

　　"江山代有才人出，各领风骚数百年。"沉寂了几年的小龙虾，如今又成了美食界的热门，成都已经掀起吃小龙虾的热潮。就拿去年来说，成都开了不下十家小龙虾铺子，而且各大美食宣传平台的广告轮番轰炸。作为一名资深美食爱好者，要是赶不上这股"时尚热潮"，还真对不起我走街串巷的美食精神。

阳光院坝小龙虾是去年最火爆的一家小龙虾馆，成都有六家直营分店，拿了不少美食奖项，也挣了不少人气，挑剔如我也不免沦为院坝虾粉。"这个味道好像当年那家小龙虾。"朋友熟练地剥着虾壳，仿佛又回到了从前品味小龙虾时的情景。第一口下去，辣！就是那种直冲头顶的强烈得要爆炸的感觉，味蕾受到疯狂地刺激之后，眼角渐渐泛起辣辣的、酸涩的泪。

以前觉得小龙虾就和烧烤的气质一样，属于大排档的品位，三五好友坐在街边喝啤酒"侃大山"，穿着肉就着酒，撸起袖子就是一口，浓浓的市井味儿，既接地气又感到快乐。今日坐在青砖石磴堆砌、白墙黛瓦、红绿点缀的精致庭院内，我依然能感觉到小龙虾的粗粝之美，毕竟味道不变，初衷依然。可不同的是，今日内心有些许特别的感受，似乎比过去吃小龙虾多了一份享受。

吃得正欢，朋友抢着排队结账去了。于是，我悠闲地扒在厨房的窗口往里瞧，仿佛看到了当年那位炒虾的大师傅，他笑起来很亲切。此时，灶台的火烧得红通通的，几个师傅在同时操作，几口大锅轮流翻动，姜、蒜、干辣椒、花椒、豆瓣酱将锅底的热油渲染得如同一幅绚烂的油画。当两瓶啤酒对冲红油，再加入香叶、草果、八角、小茴香、甘草……就标志着油焖虾的烧制进入了尾声，刚出锅的香味，弥漫在整个空气中。

绕过芙蓉河，穿过凤仙花，雕花扇中灯芒微露，小树枝头幼果翘立，晚风习习，约得三两好友一起去院坝吃小龙虾，那将是多么惬意与舒坦。

万丝饼

地址 成都市武侯区武侯祠大街锦里思味亭

电话 13882121227

宫廷万丝饼

飞入寻常百姓家

　　春节期间，武侯祠成都大庙会很火爆，我们一家也去凑了个热闹。当我们来到转角处的一家美食店时，发现有一种从未见过的饼，向老板打听后才知道，这就是传说中的万丝饼。也不知道这饼是如何做出来的，看上去色泽金黄，丝的层次感很好，让人食欲大增，我给家人每人买了一个，让大家都尝尝这饼的口感如何。

　　拿到服务员递过来的万丝饼，我没有了半点抵抗力，但又怕猛吃会让这饼脆掉地上，于是慢慢放进嘴里，轻轻地咬了一口，万丝饼口感酥脆，外酥里嫩，特别好吃。我买的是豆沙馅的，吃在嘴里甜得恰到好处。同时，吃起来还有一股淡淡的清香，特别爽口。

　　看到那层层盘绕的丝，我不得不折服于厨师的技艺，于是就问这饼是怎么做的。老板给我讲，别小看这个饼，里面学问大着呢！万丝饼制作时要精选那种特制的面粉，吃起来才筋道，同时这饼对水质的要求也很高，必须用山泉水才行，而且面粉与水的比例也很讲究。具体做法是这样的，就是先将面团揉好，然后反复拍面，使其越来越细，最终形成一根根面丝。面丝形成后，还要加入老板精心调制的蜂蜜，可以说这是做万丝饼必不可少的原料。待到饼成形后，把馅料置入饼中，再将其放进烤盘，烤制大约20分钟，一排排金黄的万丝饼就漂亮地呈现在了人们眼前。

讲到这万丝饼的做法，老板特别自豪地讲到了他的创业史。老板是成都人，当年在云南的一家美食城打工时吃到了万丝饼，就想要是能够把这美食引进成都这座美丽的城市，那该是何等的完美。成都乃天府之国，不仅历史悠久，文化底蕴厚重，而且美食云集，如果少了这道美食，那自然是一种遗憾。于是，他到培训学校，认认真真学习手工万丝饼的制作技艺。功夫不负有心人。经过一段时间的艰苦学习，他终于掌握了这门技艺，随后便把这道美食带回了成都。为了让更多人认识这道美食、品尝到这道美食，他在多个景区设置了门店，精心地经营，不仅生意红红火火，而且还传承了这门技艺。

我惊叹于老板的创业精神，于是问他，为什么一看到这万丝饼就那么激动，还有没有别的什么原因。老板讲，这源于他对文化的痴迷。因为万丝饼太有文化底蕴了，传承这样的技艺，心里总有一种无可名状的荣誉感。然后，他就给我讲了万丝饼的来历。据说慈禧太后当年特别喜欢吃面食，宫廷里的人为讨慈禧太后欢心，特地从民间找来一个面点师傅为她做点心。这位师傅做事特别踏实，也富有创新精神，平时有空就爱琢磨各类甜点，因此研制出了很多种甜品，但唯独这万丝饼，慈禧太后品尝后特别高兴，情不自禁地夸奖道："这饼，味道很好！"师傅也因为这道美食，被慈禧太后钦点为御厨，且封这饼为宫廷御膳。当时，这饼也没名字，因饼似有千万根丝绕制而成，就叫它万丝饼。于是，万丝饼就这样面世了。但在当年，万丝饼可不是普通人能吃到的，它专供宫廷食用。后来，随着社会的发展，当年那位御厨的后代才将这道美食重新推出，人们才有机会品尝到这道美食。

　　我一边听老板讲万丝饼的历史，一边思考着这美食文化的演进，手中的饼在不知不觉中便被吃完了。回味着万丝饼的美味，心里特别感激当年那位御厨的后代所做的努力，才使这道美食得以传承下来，让我们能够品尝到宫廷里才有的美食。

蜀汉一根面

地址 成都市武侯区武侯祠大
街 231 号

电话 15882357909

一根面

演绎人生的精彩

　　说到锦里的美食，那就不得不说说蜀汉一根面。这家食客们口口相传的
美食店，那真是吸引了不少的游客。

　　一根面就是一碗面，这是我第一次看到，自然特别好奇，这比起普通的
擀面，那可难的不是一星半点儿，尤其是这师傅甩面的技巧了得，一根面要
保持不断，最后做成一碗面，没得台下十年功，哪有今朝台上"一分钟"。只
见师傅用灵巧的双手，轻松地把一根面甩成了一道完美的弧线。他还能让甩
成弧线的面越过空中，精准地落进锅里，远远地望去，就像杂技一样好玩，
让过往的游客无不称奇。原来我以为面条只是饱肚子的，结果还能成为一道
景观。

　　传说一口气吃完一整根面，就会带给你好福气，自然我也想尝试尝试，
便点了一碗面。也许是我第一次吃这东西，找了好半天都没找到头。旁边的
食客见我手足无措，便给我讲："老板专门把面头留在外面，好让顾客尝试一
口气吃完。你只是没注意，结果弄乱了，反倒找不到了。"于是，我放弃了尝

试，便和往常一样大口吃面，并加了几片牦牛肉，味道确实不错，面条不仅有嚼劲，而且弹性十足，是机器做出来的面所不能比的。吃几口面，再喝几口汤，特别爽，因为面汤较辣，喝上一口，舌头立刻会有一股香麻的感觉，让你忍不住多喝几口。虽然我们是晚上去的，但排队吃面的人还是特别多，这面馆的生意就可想而知了。

听老板说，他们家的面，都是手工做出来的，从面粉的选择到发面，都由他亲自操刀。先要将发好的面裹上香油，然后一圈又一圈地放在圆盆中。需要做面时，师傅从面的一头拉起，并稍加用力，使盆中的面再度被拉细，再准确地丢到锅中。不仅如此，面汤也是他亲自熬制，从调料到制作也都是自己加工，从而形成了自己独特的味道，最霸道的还是他家的牛肉，那是从阿坝专门购买的牦牛肉，味道自然更胜黄牛肉一筹。从这些细节可以看出，老板对一根面的用心和执着，难怪其生意这么好。

你千万别以为店名叫蜀汉一根面，它就只卖面了，除了面，这里还有很多特色小吃，譬如冰粉凉糕、烤牛蛙等，建议去锦里的朋友都去尝尝，味道都特别好。

吃完后边聊天边看景色，逛锦里的游客实在太多了，或许是锦里的夜色太美了吧。你置身其中，既可以分享到都市的繁华与热闹，又可以体验到市井的悠闲与轻松。总而言之，锦里的美食美景，值得你一来再来。

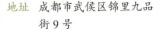

老成都担担面

地址　成都市武侯区锦里九品
　　　街9号

电话　13980863525

担担面

让你吃出恋爱的感觉

　　说起四川美食，担担面是不得不提的。相传，在盐商盛行的年代，自贡一个绰号为陈包包的小贩用担子挑着煮面的行头沿街叫卖，因其好吃且实惠，大受食客欢迎，担担面也因此得名，随后传入成都且在全国闻名。对于一个吃货来说，对美食的追求和探究是一大乐事。听朋友说，锦里九品街有家叫"老成都担担面"的，他们家的担担面特别好吃，于是我决定去体验一回。

　　我下午6点出发，骑着单车前往，大概半个小时就到了，远远地看见LED灯闪着"担担面"几个字。进到店里一看，面积虽不大，但却很整洁，铺着桌布的餐桌上，压着一块明净的玻璃，给人一种到了西餐厅的感觉。我直接点了一份担担面。几分钟后，面端了上来，只见面上铺满一层炒干的肉末，零星地撒着葱花，一股清香扑面而来，让我食欲大开，我咽了一下口水，抓紧把面拌匀，只见油亮的面条上附着粒粒肉末，更是让人食欲大增。

　　我快速将面送入口中，首先感受到的是香，紧接着麻辣鲜香味在舌尖绽放。红油的辣香裹挟着酱油的鲜香，肉末厚重的焦香味混合着花椒的麻味，还有姜蒜的辛辣味与淡淡的鸡肉味，相互交织，相互融合，但又层次分明。尤其是与热面一混合，形成了一种无法言说的口味，嚼一嚼，着味均匀的面条超有韧劲，同时那麻辣鲜香味立刻在嘴中乱窜，让人欲罢不能。三两下，一碗面很快见底。客观地讲，我好久没有吃得这么酣畅淋漓了。

总觉得意犹未尽，见他们家还有卤肉卖，于是又点了一份卤菜，要了一瓶红星二锅头，外加一听王老吉。我在阿坝州学会的这一吃法，用王老吉来兑红星二锅头，一来可以稀释酒精浓度，二来可以品尝到洋酒般的美味。这家的卤肉味道很特别，有一股淡淡的中药香料味，但是又没掩盖住肉特有的味道，调料不像拌菜那样轻轻地附着在食物的表面，而是完全融入食物之中，香味浓郁，这应该就是川卤受人欢迎的原因吧。

后来与店老板闲聊中得知老板姓石，原来在机关上班，只是因为爱好才干起了这行。十年前，他的一位朋友开餐馆，他便去考察了下，感觉还不错，但也觉得还有提升空间。因为他想做点有特色的东西，于是就到处考察、学习，回来便照着做，可效果并不理想。于是他决定自己研发调料，几乎把市面上的调味品都买了回来，不停地调试各种配方，但做出来的东西都不怎么样。为此，他决定转变思路，从原料和工艺入手。功夫不负有心人。经过无数次的改进，最终定型，并请朋友来试吃，大家都说这味道能卖钱。得到朋友首肯后，他决定开店卖面，来检验一下自己的创意到底如何。

他家的菜品味道好，加之老板坚持做良心食品，因此获得了食客的青睐，许多老顾客常常从很远的地方开车过来，就为了这一口对味的美食。

一叶一世界藏茶素火锅

地址　成都市武侯区环球中心
　　　北区 N2-1N 三楼
电话　028-65279710

藏茶素火锅

舌尖上的创新革命

　　如果说美食是成都的象征，那么成都火锅就是美食的魂。虽说成都火锅没有重庆火锅那么燥辣，但却超过了重庆火锅的麻辣。说到麻辣，那用藏茶做锅底、素菜为主食演绎出来的成都火锅——一叶一世界，就犹如一股清流徜徉在重口味的成都火锅中，独显了火锅的特色与魅力。

　　春节刚过，我邀约友人前往环球中心，体验了藏茶素火锅的味道。店内装修风格别致，橘黄色的灯光搭配藏红色的垂帘，复古的中式窗棂配上原色博古架的隔断，墙壁上还悬挂了书法作品，同时还有传统古乐萦绕耳畔，使人沉浸在这古朴、典雅、幽静的环境中，简直忘却了前往的目的，而且连大声说话的勇气都没了，因为生怕分贝高了会破坏这优美的环境。那种空灵的感觉，使我的心灵受到震撼。

　　随后，服务人员引导我们选择了卡座。拨开垂帘的一瞬间，犹如拨开了尘世间的喧哗与烦躁；放下垂帘的那一刻，似乎放下了尘世间的世故与繁杂。当你坐下来，心会自然地安静下来。在这里，可以安定一颗漂泊不定的心。

坐定下来，在服务人员的提示下，我们点了菜。没一会儿，菜肴就端了上来。用藏茶做锅底、素菜做主食的火锅，我还是第一次体验，味道特别鲜美，尤其是蔬菜的香气融入了茶里，茶的清香又浸入菜中，真是"你中有我，我中有你"，无法把二者分割开，食用这种火锅可谓一种极致的享受。同时，它还规避了传统火锅的油腻火爆，增加了养生温补的功效。听一叶一世界的创始人白先生介绍，茶汤会越煮越好喝，因为藏茶能起到压水味的作用；还有藏茶能去油腻，特别适合食肉过量的现代人，常吃藏茶素火锅，对身体健康更有利。我甚至觉得在这古朴的环境里，尽情分享藏茶素火锅，还能让人变得宁静自然，并从中悟出人生智慧。

吃着这藏茶素火锅，不由得想到了白老板的创业奇迹。因为在成都，提到藏茶和素食火锅，都不陌生，但多半觉得它们"你是你、我是我"。白老板将二者"联姻"，竟成就了成都火锅的传奇，使火锅界平添了一道新景观。白老板初中一毕业就拜师学艺，天资聪慧且爱钻研的他，常把不同元素进行混搭，创造出了不少美味。2015年的一天，他把藏茶与火锅结合在一起，没想到这一创举，竟让食客们交口称赞，并由此掀起了一场舌尖上的创新。

当美食遇上良善，便出现了素食；当藏茶遇上了火锅，便有了一叶一世界。一叶一世界的藏茶素火锅以千年曲珍藏茶为锅底，曲珍藏茶采摘于海拔1000米以上的雪山。曲珍藏茶锅底配以白氏秘制蘸料，再加上五彩缤纷的新鲜应季素食，使藏茶素火锅宛如一首气势宏伟的交响乐，而筷子便成了这场演出的指

挥棒。

　　火锅好吃不用说，就连爱情扎萨和桃花泪等小吃也颇受食客追捧，成了每次必点的佳肴。单说爱情扎萨，当你咬下一口，现烤的香脆的青稞饼皮混着筋道微辣的素火腿，还有清新爽口的生菜，让你满口生津，清香从牙齿扩散到唇边。若再舀上一勺曲珍藏茶熬煮的上等桃胶，不仅能享受到美味，而且还能感受到一股久违的温暖流入心间。

　　在一叶一世界有种特殊体验，那就是拼桌，因客人太多，常常会一张桌子几家人共享。与陌生人拼桌吃饭，是一个不小的挑战，而白老板却把它演绎成了一种温情。因此来这里用餐，不仅饱了肚子，还会认识许多朋友。为弘扬节约环保精神，白老板还在店内推行了一项制度，凡是客人桌面光盘，结账时就可领到一张"惜福卡"，当积满 5 张惜福卡，便可免费兑换一人套餐，以此鼓励食客去践行环保。他的这一创举，不只限于成都总店，在上海、深圳等其他省市的分店，同样可以享受到这个"福利"。

　　成都，天府之国，古韵与现代交融，让每个与它相遇的人都忘却了离去。华灯初上，琴音萦绕，煮一锅醇浆汤底，待到轻烟上扬，放入鲜果与素丸，浅酌一小口杯中藏茶，慢品墙上一抹书香。品品这一锅一人生，观观这一叶一世界，是一种心灵的享受和洗涤。

乐山刘记烧烤（新街里店）

地址　成都市武侯区成汉中路
　　　 185 号

电话　028-65470182

轻松慢生活

眷眷烧烤情

　　成都，集美景与美食于一身的魅力之都。成都，灯火阑珊，流光溢彩。待华灯初上，约三五挚友，沐清风习习，别有一番意韵。几碟小菜，一桶扎啤，伴着悠扬音乐，细品热腾腾、香喷喷、嗞嗞冒着油汁的烧烤，无比悠闲、舒适、惬意。

　　烧烤，吃的不仅是一种食物，还是一种情怀，更是一种闲时与亲朋好友沟通感情的方式。"撸起袖子，拿着烧烤，张开嘴不顾形象地撕扯着肉串，脸上尽显心满意足"，这是我想到的最能代表成都慢生活的样子。想一想与家人闲坐店内，谈天说地，聊聊家常，伴着欢声笑语，体味亲情融融，该是何等惬意。

　　说到烧烤，就不得不说我最爱吃的五花肉。精选肥瘦相宜、层次分明的上等五花肉。切成薄片，选用秘制酱料腌制数分钟。待五花肉完全入味以后，逐一插上铁扦。放在炭火上，时而大火烘烤，时而小火慢烤，当烤到颜色略显焦黄时，刷上一层油，能听见油滴落在炭火上发出的嗞啦声，更能听见油滴在五花肉上发出的油爆的砰砰声，那是肉、油、火三者相交融的声音，香喷喷的烤肉令人垂涎欲滴。接着均匀地撒上多种调料，如盐、孜然粉、花椒粉、辣椒粉等。烧烤师傅用娴熟的手法任铁扦在手中翻转，是为了确保每一处都能入味，每一处都能色香味俱全。所以才有了这美味多汁、口感醇正、百里飘香的烤五花肉。我拿起一串烤肉，将一整片肉送入口中，肉的醇厚与调料的香味彻底融合在一起，带给你舌尖上极致的诱惑味道，让你意犹未尽。

打麻将打晚了，发工资了，朋友远道而来……这些场景都能在后面加上一句："走！吃烧烤去！"烧烤在成都人心中有着不可替代的位置，是典型的消夜代表。和三五好友，点几份下酒菜，端着酒杯，一串烧烤一杯啤酒，那种感觉别提有多舒坦了！夜生活，在每个人心中都有一个词语，而在我心中，夜生活就等于两个字——烧烤！

烧烤可谓历史悠久。百万年前，一场森林大火之后，原始人无意中闻到了动物被火烧后散发的香味，后来他们手持刀叉扦子之类的工具，将捕获到的各种天上飞的、地上跑的动物置于篝火之上进行烧烤，尽享自然之美味，便开始进入了烧烤时代。在《诗经》里也有相关描述，"肆筵设席，授几有缉御。或献或酢，洗爵奠斝。醓醢以荐，或燔或炙。嘉肴脾臄，或歌或咢"。里面冷僻字颇多，其中的"燔"是指在火里烧，"炙"是指在火上烤。

烧烤能够延续至今，自然有它的精髓所在。刘记也有它的历史，它已历经了30多个春夏秋冬，仍在成都这个美食之都占有一席之地，在成都遍布自己的店面，并且深受广大食客的喜爱。历史的沉淀、技艺的传承、大胆的创新以及刘记传人的不忘初心，都是让刘记在这个天府之都上演故事的源泉。

我喜欢坐在这家装潢精致的店面内吃烧烤，这里没有路边的喧嚣，有的只是精致大气的就餐环境，轻柔舒缓的音乐，优质的服务。刘记，让我重新认识了烧烤。

品味烧烤，唇齿留香，美好生活从一串烧烤开始，足矣。

大蓉和·蓉和小厨（银泰城店）

地址　成都市武侯区益州大道
　　　1999号银泰城4层

电话　028-83226087

美食界的弄潮儿

# 养生么么哒

　　我的一个朋友住在武侯区，周末相约一聚，于是跟着他去了大蓉和·蓉和小厨。也许是周末的缘故，店里的生意特别火爆，我们只好加入排队等候的行列，足足等了30分钟才轮到我们。服务员拿着我们的号牌，热情地将我们引到了一个靠窗的位置，并给我们送来了水果和茶水，然后递来了一份菜单，朋友看到菜单上有一道菜名字新颖，叫"养生么么哒"，而且后面还备注了5星，我们决定尝一尝。

　　大蓉和的服务真是上乘，没一会儿工夫服务员便将菜品端了上来。菜品上桌后，服务员将滚烫的石锅搬上桌子，然后将炒米、虾仁、海参和蔬菜粒一盘盘地端了上来，当着我们的面进行精心炒制。高汤和食材刚倒入石锅，香味便扑鼻而来，所有食材在石锅里翻滚，让在座的每位朋友都有一种想马上品尝的感觉，但服务员告诉我们还要焖几分钟才能食用。于是，我们只得耐心地等待，但脑海里早已在想象着美味入口的感觉。过了几分钟，服务员给我们每人盛了一碗，我迫不及待地尝了一勺，没有让我们失望，味道好极了！虽说是高汤打底，但加入了蔬菜粒，吃起来一点也不觉得腻，米虽然是炒过的，但吃起来外面软软的，里面韧韧的，入口的感觉是又香又清爽。满满一石锅的美味，没花多少时间，就被我们吃得干干净净。难怪大蓉和无论开多少家，无论开在哪里，生意都是那么火爆。

服务员告诉我们，"养生么么哒"看似简单的一道菜，实际做起来工序还是很复杂的。这道菜选料讲究，海参要用刺参；虾仁要选用新鲜的基围虾；菜心粒用的是广东菜心，只选取菜叶和主菜秆相连的筋切成粒；胡萝卜也要广红才行。最讲究的还是汤料，要选用上等金华火腿、老母鸡、棒子骨、鲍鱼等多种原料熬制而成的。熬汤要一天一夜，先是大火烧开，再用文火慢慢熬制，这样的汤才更有营养，出菜时，将汤料烧开，加上鲜榨的金瓜汁，颜色便会随之变成金黄，让食客一看更有食欲。这道看似简单的佳肴，却是师傅们花了大量时间和精力才做出来的。大蓉和的菜肴，真是简单中不失魅力、平凡中不失奢华。

与我们一起来的朋友中，有一位是大蓉和的铁杆"粉丝"，从大蓉和第一家店开始就是这里的常客了，慢慢地也成了老板的好友。要说大蓉和，他最有发言权。他讲，1999 年 10 月大蓉和刚起步时，店面是在羊西线附近，一

品天下大街那一带还没发展起来,因此餐饮店很少,大蓉和的生意并不好。老板每天骑三轮车买菜,因为怕买多了用不了会坏掉,而且当时大蓉和还不叫大蓉和,而是叫"瓦岗酒楼",很多客人订了餐后告诉朋友用餐地点,常常将酒楼名字说成瓦岗寨。

为了企业的更好发展,使之能够在餐饮行业有一席之地,老板带着大厨开始了学习之旅。江西、湖南、广东等,每到一处都要学会几道菜,但老板要求去学习的厨师,不能将学回来的菜品依葫芦画瓢,而是要创新、要举一反三。因此,大蓉和便研发出了不少新派川菜。由于大蓉和是外引内融,坚持传统与创新相融合,于是逐渐形成了独具特色的新派菜系。总体而言,大蓉和的菜品是以川菜为根基,兼容湘、粤、赣及杭帮菜等特点,真正是集各家之所长。同时,老板将"瓦岗酒楼"改名为"大蓉和",取"融合"的谐音,代表菜系的融合、客人的融合、员工的融合。十多年来,大蓉和以其"融合"精神,一步步地走到了今天,成为成都餐饮界的佼佼者。

创新是大蓉和的核心竞争力,也是大蓉和的品牌优势,像"养生么么哒"这种色香味俱全的菜肴,就是大蓉和师傅们创新的杰作。也正是他们的努力和用心,使大蓉和菜品备受广大食客的喜爱,使大蓉和品牌越做越好,如今大蓉和已迈着矫健的步伐走出了国门。

成都映象莲花坊

| 地址 | 成都市武侯区芳草西二街 36 号 |
| 电话 | 028-85196666 |

小厨师搅动了美食界

## 寻味水煮鱼

　　鱼是生活中常见的食材，被烹饪大师做成了越来越多的经典传世名菜，诸如清蒸、红烧、水煮、油炸等做法，厨师们在鱼的做法上可谓下足了功夫，在成都，最为出名的当是水煮鱼了。

　　我有一帮朋友，都是好吃的人，特别是"唐老鸭"，他自己打理着一家餐饮店，日子过得特别舒心，他常常把兄弟们召集起来小聚一下。今日他说要让我们尝尝未曾吃过的美食。于是，他带着我们一行人去了位于武侯区芳草西二街的成都映象莲花坊。听"唐老鸭"讲，这家店的水煮鱼拥有与众不同的口感。走进店里，别具一格的装饰风格，独具魅力的餐具，使其在老成都的餐馆中确有一种与众不同的味道，给我的感觉就像一个活泼的少年郎，充满着无穷的激情与活力。我们点完餐，服务员很快把水煮鱼端了上来，只见青花瓷盆中，从辣椒中透出的白色鱼肉充满光泽，花椒的香味伴随着整盘调料的包裹冲进了鼻腔，酥麻的味道还没有吃就已经感觉到了。我忍不住夹起一块鱼肉，纹理清晰、肉块厚实，晶莹之中透着质感，忍不住要流口水了，我迅速地将鱼肉放入嘴里，麻辣鲜香的味道刺激着我的味蕾，而且随着不断地咀嚼，越发觉得入味深、香味远，这是水煮鱼真正耐得住品尝、经得住考验的真谛。一大份水煮鱼，在不经意之间就被我们一扫而空。之后，再悠悠然地喝上一碗鱼汤，本已沉淀下来的鲜味又迸发了出来，久久不曾散去。

吃过美味，对于好吃的人来讲，自然要问其来龙去脉，因为我们不仅要吃，还要把好吃的东西推荐给更多的食客。于是，师傅给我们讲起了这道美食的故事。20世纪80年代，他有位朋友在嘉陵江边生活，每次前来探望他，都会带上几条刚刚从嘉陵江里打上来的草鱼。二人每每相聚，小酌几杯那肯定是必不可少的。有一天，时近中午，师傅反而为午饭发起愁来，不是为了别的，只是因为好友从小忌吃大肉，偏偏家中又没有其他的食材。正在他发愁之际，看到木盆里活蹦乱跳的鱼，忽然灵机一动，何不水煮鱼肉？因此，第一盆水煮鱼就这样诞生了，更让他没想到的是，鱼肉的鲜美、麻辣的厚重，使得朋友赞不绝口，师傅本人也为之一惊。从此以后，师傅开始潜心研究水煮鱼，从鱼肉的特性、麻辣的搭配，再到色形的创新等诸多方面，力争做到精益求精。师傅的工匠精神没有付之东流，经过一年多时间的艰辛努力，水煮鱼于1985年推向市场。一石激起千层浪，水煮鱼一面世，立即在美食界激起阵阵涟漪。

大放光彩后，水煮鱼在成都走进了千家万户，草鱼、鲫鱼、鲢鱼、鲤鱼……人们不断地尝试着用各种不同的鱼来精心烹饪美味佳肴。如今，水煮鱼成了一道经典的美食。水煮鱼做法看似简单，实际做工十分考究。首先选材要选新鲜的活鱼，调料方面就更不用说了，必不可少的辣椒充当了最为重要的角色。用辣椒为调料烹调出来的水煮鱼，肉质一点也不会变韧，口感滑嫩，油而不腻。辣椒既去除了鱼的腥味，又保持了鱼的鲜嫩，尤其满目红亮的辣椒还很养眼，且辣而不燥，麻而不苦。

没想到，在成都还有这么一家做水煮鱼如此出色的饭店。而我有幸品尝到了，你们还在犹豫什么呢？快来品尝一番吧！

## 青羊区
### 青羊宫里香火缭绕，
### 青羊宫外美味撩心

>>>>

青羊区的美食不刻意雕琢，也不那么喜欢显山露水，多是如水一样，遇江而养，遇谷而积，遇旱而予，遇泽而施……当你走在青羊区的大街小巷，到处都是让你食欲大开、欲罢不能的美食。

田园印象

地址　成都市青羊区贝森路62
　　　号一层（近二十一世纪
　　　花园）

电话　028-81725511

麻婆的情怀

**豆腐的味道**

　　川菜讲究"百菜百味"，因此川菜就像一个百花园，菜品多得简直让人眼花缭乱，真是尝不尽、品不完。虽然太多，但只要你细细品味，总有一味会让你念念不忘，只要一想到川菜，就会想到那个味道！那对于我这个吃货而言，心中的那个味道是什么呢？不是油爆香辣的回锅肉，也不是麻辣的水煮肉片，更不是色泽艳丽的开门红鱼头，而是那简简单单的麻婆豆腐。

　　麻婆豆腐始创于清同治元年（1862年），至今已有150多年的历史。麻婆豆腐一直以质朴的风格，流传于寻常百姓的餐桌上。客观地讲，其起源本就市井平常。相传常有做苦力之人在店里歇脚吃饭，要求店家做既热乎又便宜的菜，有天快打烊时，又来一拨这样的客人，店家看到店里只剩一点豆腐和肉末。他急中生智，就烹制出了一盘麻辣鲜嫩的豆腐，众人吃完大呼美味，从此就成了这家的招牌菜，麻婆豆腐也由此红遍大江南北！

　　我依稀记得小时候最喜欢吃妈妈做的麻婆豆腐，那时候家里经济很拮据，豆腐是既实惠又健康的食材。可是，我却不喜欢，常常嘟囔着要肉吃。妈妈自有办法，明明只是简单的豆腐，经过她的手，就变成了一道热辣滚烫的美食。那时我心急，总爱一口吞下，烫得小脸通红，妈妈在一旁无奈地说道："小心点儿，慢点儿。"现在想起那副吃相，依旧忍俊不禁。笑过之后，又觉得特别温暖。

现在生活水平提高了，早已不会再为一道寻常菜挂念很久。而我也从少年长大成人，离开家乡，离开亲人，过着漂泊的生活。因而多年没有吃到妈妈做的麻婆豆腐了。

前不久，我带朋友去贝森路的川菜馆——田园印象。这里很有特色，充满了儿时的童趣，土墙土瓦像极了家乡的房子；大厅里摆放的鸡公车、打谷机，不由得勾起了我对儿时的记忆。所谓田园印象，渲染的自然是农家场景，体现的是农耕文化。不单单这些，还有非物质文化遗产鸣堂技艺，这可是上过电视节目的。

田园印象的老板是成都餐饮界的鬼才，他放弃铁饭碗，整整拼搏了28年，终于创立了田园印象餐饮品牌。在这里，每一张桌椅都来自山村，每一张桌椅都代表着一个家庭，每一张桌椅都镌刻着熠熠生辉的时光……同样，这里的食材来自四川各地的乡村，都是纯天然的，自然、环保、健康。

太巧了，我们去用餐的当天，刚好有电视台的工作人员在这里录制节目。

我特别喜欢店里的麻婆豆腐，在我的强烈推荐下，节目组把这道菜也录进了节目中。

其实，做麻婆豆腐非常简单，老豆腐、嫩豆腐均可，牛肉末或猪肉末也是怎么方便怎么搭。油入锅，炒肉末，肉末变色后，加入豆瓣酱、姜末、蒜末、辣椒面、豆豉炒香，下豆腐翻炒，再加入水淹没豆腐，然后用中火烧，再经两次勾芡后出锅装盘，撒上些许葱花做点缀。

我迫不及待地吃了起来，滚烫的豆腐刚入口，细嫩的感觉就蔓延开来，最刺激的是麻辣混合着火热，辣得人额头冒汗，但却无法停下来。伴随着麻婆豆腐带来的味蕾刺激，记忆中妈妈的味道逐渐清晰，我看到其他食客一家老小其乐融融吃麻婆豆腐的景象，不由得走出大厅，拨通了妈妈的电话："老妈，儿子今年回家过年……"

李雪火锅

地址　成都市青羊区宽窄巷子
　　　下同仁路72号
电话　15397628901

李雪火锅
二十多年的故事讲不完

　　有位老朋友推荐，在宽窄巷子景区里，有一家叫李雪火锅的店，已经开了20多年，生意一直很红火，他家的火锅味道特别好。有这等美食？朋友的话勾起了我的馋虫，借周末休息之际，我和朋友专程前往李雪火锅店，体验了一回店里的美食。

　　李雪火锅人气不是一般地旺，而是特别地旺，等了约1小时才轮到我们。我们坐定，便叫服务员拿来菜单，问及店内最具人气的美食是哪道菜。服务员脱口而出："千丝牛肚，这是我们的镇店之宝。"于是，我们毫不犹豫地点了它，同时还配上了李雪毛肚、麻辣牛肉、极品鹅肠以及豆芽等。

　　点菜后又等了一刻钟，菜品才上桌。不过，虽然等得稍久，但服务质量一流，服务员很热情地帮我们打火、倒菜、弄油碟，动作娴熟，让我感觉他们不是在工作而是在享受。

　　我急切地想尝一尝千丝牛肚，看看李雪火锅的镇店之宝到底如何。于是，我夹起煮熟的宽窄如面条的牛肚，在油碟里蘸了蘸，便放进嘴里有滋有味地嚼了起来。真是名不虚传，这千丝牛肚脆爽可口，既有花椒的麻，又有辣椒的辣，回味特别甘甜，味道极其美味，我们吃得畅快淋漓。如此的美味，整整一大盘，分分钟便被我们消灭掉。随后朋友提议，我们又点了一份。

这么好吃的美味到底是怎么做出来的？我问服务生，他说这个得问老板。正好此时，一位帅哥走了过来，并自报家门，我才发现李雪火锅的当家人如此年轻，因而放开性子与他聊了起来。

不聊不知道，原来他正是千丝牛肚的创始人，也是店铺招牌上的李雪。数年前，李雪去一家特别火的面馆用早餐，在排队等餐时他突然想到一个问题，成都人这么喜欢面，何不把牛肚也做成面状呢？

受此启发，李雪回来后便开始大胆创新。他选用上乘的牛肚，然后将块状牛肚切成细如面条的形状，搭配秘制蘸料推向市场。出乎预料，李雪的这一创举获得极大成功，得到了食客的青睐，风靡了整个成都的餐饮界。当然，除了千丝牛肚外，李雪火锅的牛杂、牛肉、牛腩等系列特色菜品，也是顾客喜欢的佳肴。

李雪不仅热爱美食，而且热爱文化。在李雪火锅菜品取得成功后，他开始把火锅朝文化品牌推进，努力打造以火锅为载体的四川传统文化。为体现晚清成都民居特色，李雪采用宅院引廊风格，并配套打造叠水水景，营造出了"泗水道堂"的景观，同时为还原川西堂会文化，他把顶楼做成了大包房，客人既可聚在一起用餐，还可以观看川剧，生动再现了晚清成都的堂会生活。尤其值得赞许的是，他花重金聘请川剧名旦，每天到店内表演滚灯、变脸、水袖、清音等川剧节目。既热闹了场子，又传承了文化。

因而到了李雪火锅，不仅可以品尝地道的成都美食，还可以体验正宗的四川传统文化，一举两得岂不快哉！

洞子口张老二凉粉

地址　成都市青羊区文殊院街
　　　39号

电话　13032825485

张老二凉粉

吃出你的新味觉

五一期间，趁着艳阳高照的好天气，带着母亲去了趟文殊坊。

文殊坊节日氛围浓厚，尤其是享有"中国都市第一禅林"美誉的文殊院，前去参观朝拜的中外游客络绎不绝。我与母亲跟随游客逛了一圈，待出来时，感到腹内空空，饥肠辘辘，我们便到文殊院大门对面的洞子口张老二凉粉店，点了一份他们家最具特色的凉粉，然后还要了一份色香味俱佳的甜水面。

张老二凉粉真是名不虚传，味道真的很地道，入口有淡淡的甜味，里面还夹杂着酸麻味，保持了川菜的麻辣鲜香。还有就是，凉粉很筋道，不会用筷子一挑便断，却又能入口即化，甘甜爽口，回味无穷。母亲吃了，也是赞不绝口。

出于对美食的喜爱，我便产生了打破砂锅问到底的念头。数日后，我如约而至，店长热情地接待了我，并安排王桂华师傅接待了我。王师傅是洞子口张老二凉粉店的元老，她2000年就到了这里，因此对张老二凉粉店了如指掌，当我提出疑问时，她总是如数家珍般娓娓道来。也是从她这里，我更深入地了解了张老二凉粉。

1948 年，张老二凉粉创始人张青云开始在成都做凉粉，当时只是摆摊经营，但他的技术精湛，所卖凉粉大受市民欢迎，常常供不应求。由于他姓张，在家排名老二，于是大家便称之为张老二凉粉。如此一传十，十传百，张老二凉粉便成了一道家喻户晓的美食。凉粉是种很草根的市井小吃，但张青云却用心经营，硬是把它做成了一张响当当的名片。后来公私合营，张老二凉粉加入了国有企业的队伍。由于张青云的凉粉知名度极高，企业一直沿用了张老二凉粉的品牌。

张老二凉粉做法很考究，首先要选择上等的大米，然后将大米清洗干净，用水浸泡 4~5 个小时，接着把浸泡后的大米磨成米浆，随后倒入锅中用旺火将米浆熬沸，再用小火熬煎，并用木棒在锅中不断搅动，同时倒入石灰水，使米浆凝固。石灰水的用量很有讲究，一般 1 千克大米磨成的米浆中加入 100~200克饱和石灰水，这样才会做到无苦涩味。等到火候到位，便及时从锅中舀出，让其自然凉透。

其实，这只是第一步，要吃到美味的凉粉，还得靠佐料。王桂华师傅讲，洞子口张老二凉粉在文殊坊经营了半个多世纪，它的佐料也是响当当的招牌，用酱油、味精、花椒、海椒以及上等的保宁醋、白糖等原料秘制而成。当凉粉装在碗里后，再加上秘制的原料，正宗的四川凉粉就出炉了。

洞子口张老二凉粉店，除了凉粉这道镇店之宝外，甜水面、抄手、水饺、凉面等特色小吃味道也很好，深受人们的喜爱。你看每天进店吃凉粉的人如潮水般涌进退出，完全可以不用犹豫，跟着大队人马进去就好。

想吃正宗的四川凉粉，洞子口张老二凉粉店，绝对是你不二的选择。

郭汤圆

地址　成都市青羊区宽巷子11
　　　号恺庐院
电话　028-86914881

郭汤圆

这里的汤圆香又甜

　　成都是一座休闲之都，不仅有慢生活的节奏，还有赏不完的美景，尤其是吃不完的美食，因而有很多游客到了成都都舍不得离开。

　　假期，一家人去了宽窄巷子。我们从宽巷子进入，古色古香的建筑，人气爆棚的店铺，到处洋溢着节日的气氛。当来到由青砖砌成的拱门时，不由得停下了脚步，驻足观看起门洞上方镶嵌的一块石匾，匾上用大篆阳刻着"恺庐"二字。看到此景，我自豪地给母亲讲，这就是前几天与我交流民俗文化的那位先生写的。老宅子的主人叫羊角，是位知名画家，留洋归来，他结合清代建筑特色，融入异国建筑风情，建了这个拱门。在门牌右手边，挂着"郭汤圆"的招牌。

　　我们进入店内一看，整个店以成都美食为主题，以古老民俗文化为背景，再配以红木餐桌，显得格外洋气。还没等服务员问话，我就点了郭汤圆，我吃过太多种类的汤圆了，但不知道这郭汤圆有何特别之处。服务员把汤圆装在土釉碗里，乍看与平时吃的汤圆并无不同，只是旁边那一小碟蘸料，倒是与以往见到的汤圆有别。服务员给我讲："吃郭汤圆，必须蘸上这芝麻酱与白砂糖，才能吃出郭汤圆与众不同的味道。我不敢说天下绝无仅有，但在成都可以说是独一无二。"

服务员这么一说，倒是吊起了我的胃口。我仔细看了看，汤圆白白糯糯，吹弹可破，似乎黑芝麻馅儿就要流出来似的。我想，这世上好看不好吃的东西多着呢，要吃了才知道。这汤圆很奇怪，虽然汤圆上有汤汁，但只要往这芝麻酱与白砂糖上一蘸，芝麻酱与白砂糖便均匀地分布在汤圆表面，一口咬下去，黑芝麻与芝麻酱融为一体，一种独特的浓香在嘴里来回乱窜，再配上这汤圆的软糯，香甜无比，郭汤圆真不愧为中华老字号。吃着汤圆，不经意唤醒了我儿时的记忆，让我想起了孩提时代那最质朴最原始的味道。因为儿时过春节，母亲都会用石磨推汤圆粉，因而每每吃汤圆都会勾起我内心深处那甜蜜的思念。

吃完汤圆，走出店门，左边有一个关于郭汤圆的简介：郭汤圆始于清朝末年，由中江县人氏郭永发创立，起初名为"滚货汤圆"，以糯米粉均匀铺在簸箕里，放入红糖馅心，抖动簸箕使红糖滚动粘粉，边抖边洒水，直至红糖裹上一层糯米粉，形状变成球形。后来，郭永发改良为用吊浆粉子加工，馅心细腻精巧、口味新奇，尤以"洗沙"最受欢迎，汤圆由此火爆起来。一早一晚两副担子已远远不能满足食客的需求，他便在北门大桥开店经营，人送雅号"郭汤圆"。

吃了郭汤圆，再去逛景区，特别舒服，因为肚子饱了，美景也看了。

熊姐大碗面

地址　成都市青羊区吉祥街 14
　　　号附 2 号
电话　18981720668

成都第一馆　熊姐大碗面

　　说起成都的美食，不晓得熊姐大碗面的，那是少之又少，因为熊姐大碗面不仅好吃，而且还是创新创业的时代典范。说到熊姐大碗面，就不得不讲讲老板娘的发迹史。老板娘是改革开放第一批弄潮儿，1982 年响应号召，在成都和平电影院旁开起"美食酒家"中餐馆，开始小有收获，后因亏损严重被迫关门。于是，她便在吉祥街开起了麻将馆，部分客人玩得晚了要加餐，她便为其煮面条充饥。哪知顾客对她的面条大加赞赏，并建议她开一家面馆。此时，她感觉到了过去开中餐馆的厨艺还没有过时，便于 2004 年初开办面馆，熊姐大碗面也因此应运而生。

　　老板娘开面馆起初并不是顺风顺水，但互联网时代的商业营销模式，让她的事业峰回路转，有些年轻人不经意到店里吃了，觉得味道不错，便在网络上给其点赞，逐渐形成了良好的口碑，前来吃面的客人也就越来越多。于是，熊姐大碗面就慢慢地成了吉祥街上一道亮丽的风景线，并由此带动了整条街巷餐饮业的迅猛发展。

我在附近工作，午餐经常在熊姐大碗面吃，原因如下：一是俭朴，没有奢华的格调；二是便宜，18元就可以享受都市的豪华；三是快捷，面食享有快餐中的"飞毛腿"美誉；四是味美，有吃了还想吃的欲望。我最常点的是豪华面，因为熊姐大碗面有两种规格：豪华面是加6种臊子，豪中豪则是加9种臊子。熊姐大碗面的臊子很多，诸如肥肠、排骨、海味、红烧肉、鳝鱼等，约20种臊子一字儿排开，让你目不暇接。

熊姐大碗面味道很好，红而不辣，油而不腻。熊姐大碗面一端上桌，清香扑鼻而来，还有那鲜艳的色泽，让你食欲大增。我端着面碗，拿起筷子，夹起面条往嘴里一送，然后慢慢地咀嚼，面不仅筋道爽滑，而且非常爽口，除有一份淡淡的麦面的清香外，还有一丝丝的辣意。熊姐大碗面的配料也特别讲究，鸡杂特别脆，竹笋也很细腻，尤其是红烧肉，如麻将大小，色泽艳丽，且肥而不腻，堪称熊姐大碗面一绝。

熊姐大碗面正如其名，装面的碗特别大，因此分量很足，即便你是小伙子，吃上一碗熊姐大碗面，也可以扛一下午，因此中午来此就餐的人络绎不绝。熊姐大碗面之所以好吃，是因为老板娘的精心调制，其底料汤是经过十余年研究秘制而成的。值得一提的是，熊姐大碗面虽然臊子多，但不会串味，这也是熊姐大碗面的厉害之处。

熊姐大碗面做的是一种心情，人们吃的是一种情怀。

大妙火锅

地址 成都市青羊区窄巷子
11号
电话 028-86251111

大妙火锅
名人光顾的好地方

说起大妙火锅，成都人是无不知晓，不是因为大妙火锅店分店多，铺得开播得远，而是因为大妙火锅味道美，尤其是很多国家政要和名人携儿带女前往体验，由此成就了大妙火锅的社会影响力。

我在街道办事处工作时，一些外国的国家元首及夫人多次来宽窄巷子访问，有幸亲身感知了他们对成都火锅的热爱。

为了接待好这些元首，他们大使馆里的工作人员，常常会把大妙火锅作为用餐点，积极向领导进行推荐，因为大妙火锅地处宽窄巷子，有其独特的地理位置优势。说实话，这些大使馆工作人员眼力不错，毕竟大妙火锅确实是个用餐的好去处。

话又说回来，尽管我在这里工作多年，但一直未曾进去品鉴过，因为怕人说闲话。倒是离开街道办事处后，几位好友相聚，才借此机会去体验了一回。

大妙火锅门牌精致，也不单单缘于外国政要常常造访，倒是其内设的考究和品位，是让我始料未及的。当我越过店招迈进店内时，它完全出乎我的想象，不像是消费的场所，而是一条文化走廊，上面挂着精美的艺术品，那种厚重的文化感给我的第一感觉，好像是到了哪家博物馆。真的，那种古典的文化氛围，是我走南闯北去过的店子里最有特色的。我想，这就是宽窄巷子的历史遗韵。

下午6点，主客准点到位，我们相继落座。我们点的是鸳鸯锅，因为我一向喜欢清淡口味，而黄兄却喜欢大妙的麻辣味儿。鸳鸯锅的造型是用十字交叉分割而成的四宫格，可从不同方位放入红油汤和白味汤，坐在桌上的人都能方便地吃到不同的味道。红油汤由花椒、朝天椒等香料熬制而成，香辣美味，令人垂涎欲滴，而白味汤则是店家精心熬制的原汤。待到锅内的温度升高，逐渐冒起热气时，我们便把桌子上的菜陆续放进锅里。肥牛、鹅肠、脦干等都非常新鲜美味，香油一浸就裹得晶莹透亮。

吃了一阵子，肚子慢慢地鼓了起来，似乎再也盛不下任何食物了，我们才停住嘴。大妙火锅的味道真不错，保证能够让你吃饱喝足，并感到舒适。这里不仅食物美味，而且环境优雅，再配上优质的服务，把巴蜀的餐饮特色淋漓尽致地展现了出来。特别是晚上的川剧，还能给美食再添上一丝神韵。

到大妙用餐，享受的是原生态的都市生活，既有美食的分享，又有文化的体验，还有氛围的衬托。虽然大妙地处号称"成都第一会客厅"的宽窄巷子的腹部，但它并没有景区的喧嚣，带给人的是一种温馨感。只有你身入其中，才能真正感悟到那种典雅的氛围。你若到成都吃火锅，要想吃出成都的味道，大妙火锅是首选。

天府滇味餐厅

地址　成都市青羊区同盛路
　　　8号
电话　028-86780782

妈妈的味道

# 美味粉蒸肉

　　周末团队加班，其中一位大姐请客，请我们去天府滇味餐厅用餐，让我意外地品尝到了心中一直寻找的粉蒸肉的味道。他家的粉蒸肉糯而清香，酥而爽口，有肥有瘦，红白相间，肥而不腻，嫩而不糜，且米粉油润，香味浓郁。感觉特别温馨，因为那是一种妈妈的味道。

　　熟悉我的人都知道，我的生活节奏比较慢，单说冬季的用餐安排，我们家就爱吃那种做起来悠然又保温的菜，粉蒸肉就自然地成了我们家的家常菜。当然，不仅仅是因为粉蒸肉保温时间长，不用担心像炒菜那样出锅不久就凉了，更是因为这道菜味道特别鲜美，尤其是它还饱含母亲数十年对我们的爱。从小到大，母亲就喜欢做这道菜给我们吃，母亲做粉蒸肉的手艺，那是一个了得。或许，这就是熟能生巧，也许还有一种工匠精神蕴含其中。反正母亲做的粉蒸肉特别好吃。

粉蒸肉可以根据自己的喜好，既可偏辣也可偏甜，而且配料多元化，譬如藕片、南瓜、红薯等都可做配菜，而母亲最爱的配菜有三：一是红薯，二是南瓜，三是芋头。如果我们要吃粉蒸肉了，母亲第二天一大早就会去菜市场，专门购买那种半肥半瘦的五花肉，因为光是肥肉吃起来很腻，而光是瘦肉吃起来又容易塞牙，而半肥半瘦的五花肉就不存在这些问题。肉买回来后，先洗净切好，再将其拌粉，光是买来现成的粉子不行，还得加上点鸡蛋清，吃起来味道才更鲜。最后是蒸，先得大火猛蒸，然后再用文火煨。1小时左右，色泽亮丽、味道鲜美的粉蒸肉便做好了。

母亲做粉蒸肉，我们搭不上手，也帮不上忙，只是陪在母亲身边，静静地看她做菜。尤其是她把那码好料的肉，一片一片地放到篾格上时，特别精细认真，简直就像雕刻家创作作品一样，很有艺术范儿。母亲码好的肉特别精致，肉片疏密有致，粉子厚薄有道，看起来特别美。陪在母亲身边看她做饭，虽然插不上手，帮不到忙，但却是一种艺术的享受，还能使母亲感到温馨，做起菜来更精神。母亲还给我讲，现在的粉蒸肉都没以前的好吃了，因为以前的猪都是用杂食养大的，而现在多是饲料喂出来的，这种用饲料催肥的猪，肉质就没那么细嫩了。

关于粉蒸肉，还有一则故事。据说，明末崇祯皇帝南巡，到了郑韩，在一次郊游时，来到名岭（今风后岭），天色已晚，加上腹中饥渴，天黑路远，无法返回行宫，便投宿到一姓丁的农夫小店。丁氏夫妇非常好客，把家中准备过年的扣碗肉拿出来，加工后送与崇祯皇帝吃。崇祯皇帝吃后大加赞赏。当得知这是丁氏夫妇祖传的粉蒸肉时，更是留恋刚才的味道。第二天，崇祯皇帝对丁氏夫妇讲："食之粉肉也，妙哉；来到郑韩城不来名岭是一大遗憾也！不食丁氏粉蒸肉又是一大遗憾也！"随后，崇祯皇帝告诉他们自己的身份，并奉丁某为御厨。从中，足见粉蒸肉的魅力。

我今日吃到粉蒸肉，突然间想起了母亲，也想起了母亲做的粉蒸肉。因此，我吃得最多，因为这家店的粉蒸肉，很接近母亲做的味道。

在社会高速发展的今天，粉蒸肉已走出了狭窄的小天地，全国各地甚至有华人的地方，都有了这道美味的存在。不过，我去过许多地方，吃过不少粉蒸肉，但还是四川的粉蒸肉最地道。

老妈蹄花

地址　成都市青羊区正府街
　　　105 号附 1 号
电话　13666292096

美容佳品

老妈蹄花

　　老妈蹄花是成都市的一道特色传统名吃，以猪蹄为主要原料，配以芸豆等精心煲煮而成，历经百年风雨而不衰，已成为成都市风味名吃中的上品。老妈蹄花也是我的最爱之一。

　　说到老妈蹄花，还有一个特别动人的故事。相传在老成都的半边桥，有一位婆婆经常挑着担子叫卖蹄花汤。因其味道醇正，营养丰富，而且价格公道，深受人们的欢迎。因为这位婆婆姓易，所以当地人就亲切地叫她"易老妈"。易老妈以猪蹄为原料，配以芸豆等食材精心煲制而成的蹄花汤，那是一绝，人们抢着去购买，但又不知怎么称呼它好，于是就以易老妈蹄花称之。易老妈蹄花成为名小吃后，经营的业主多了起来，易老妈蹄花也就变成了张老妈蹄花、宋老妈蹄花、李老妈蹄花……但老妈蹄花的做法还是那个做法，老妈蹄花的味道还是那个味道，这就是老妈蹄花的来历。如今，老妈蹄花已经成了成都一道非常有名的小吃，几乎遍布城市的大街小巷。

　　记得 2000 年我刚到编辑部工作时，由于人手少，加之编校期很短，每期出刊前一、二、三校，基本上是一天完成。我当时住的是家属宿舍，与青干处的两位老弟同住，因而每次拿到校对稿，都是在办公室完成后再回家。在回家的路上，多会去长顺上街的老妈蹄花馆点上一份蹄花，给自己的胃补补餐，以增加热量、抵御寒冷。说到补餐，其实这是成都人的餐饮习惯，他们吃老妈蹄花，往往不是白天去，更多的是深夜加餐。因为香味扑鼻、肥美滋补的蹄花软烂温润，无论是炎夏还是寒冬，总会让人心头涌上一抹感动。

当时，一份蹄花也就 5 元钱，而今一份蹄花的价格，已经翻了好几倍。但是，这并没有影响我对它的偏爱，还是常常去品尝这道美味。这家店的蹄花外观形似飞花，口感滑嫩细致，香而不腻，豆如绵沙，汤香四溢。不过，由于 2003 年城市改造，长顺上街的老妈蹄花店已不复存在，我现在常去地处正府街的一家老妈蹄花店，因为这个店的味道，似乎与长顺上街的如出一辙，既色泽鲜亮，又味道鲜美。这家的蹄花之所以味道正宗，是因为它属于祖传技艺，至今已有近百年的历史。

做老妈蹄花首先把猪蹄洗净后，在火上炙烤一番，刮去外层已经烤煳的表皮，再用刀剖成两半，放进滚水焯，慢慢去尽血水，因为猪蹄腥味重，最好用料酒码味，下锅前再清洗干净。之后，把芸豆洗净，用清水泡胀，再将猪蹄和芸豆倒入砂锅中，加清水在旺火上烧开，加入姜块，改为中火，炖一段时间，再改为小火，直到猪蹄和芸豆软糯。吃上一口蹄花，再喝上一口汤，如果喜爱麻辣的，可以多加一点儿胡椒、食盐和小葱，那味道就更是鲜美至极了。

蹄花富含胶原蛋白，是一道既饱胃又养颜的美食，来成都怎能错过这道美味。

乐山苏稽跷脚牛肉

地址　成都市青羊区小南街包家巷 25 号

电话　13540169619

# 跷脚牛肉

## 吃出了药膳的味道

　　跷脚牛肉，源自乐山，兴于成都。美食也会因地制宜，当它走进成都后，便从调料上进行了改进，以适应成都人的口味。因为成都地处四川盆地腹地，空气湿度大，饮食上就喜欢麻辣，可以驱寒去湿。跷脚牛肉主要以牛骨、牛肉、牛杂等为原料，搭配滋补性中药，佐以自制调料而成。

　　我家住在长顺街附近，离小南街包家巷很近，因此常去包家巷的乐山苏稽跷脚牛肉店用餐。客观地讲，我们去这家餐厅，不仅仅是因为距离短，还有这家店的特色也吸引了我。单从装修上看很古朴，极具传统格调，富有文化气息，店铺面积很大，至少有 200 多平方米。我对成都文化特别感兴趣，自然去这里的时间就多了，而且慢慢地与老板还成了好朋友。现在需要用餐，只要一个电话，什么问题都解决了。近日，我们家又去了一次。

　　冬日的阳光特别温暖，似乎连心情都跟着愉悦起来。我们去时，店内人头攒动，简直移不开步，足足等了半个小时，才轮到我们就座。鲜毛肚、鲜牛舌、牛肉、牛杂等，我们点了满满一桌。老板很热情，亲自给我们上了调料。说到调料，其实这是跷脚牛肉的魂，因为牛肉能够吃出美味来，最核心的是调料。

老板看我们吃得高兴，和我们聊起了跷脚牛肉。首先是选料要讲究，要用精挑细选的牛棒子骨和牛肉等才行。老板很是自信加自豪地给我讲，要想生意做得长久，原材料一定要新鲜，比如他家的毛肚，那一定是选从牛肚里刚刚取出的那种，这才吃得出鲜和脆。其次是熬制高汤，绝对不是随便就成的，得用自家配制的药料，然后搭配秘制的调料，经过长时间熬制才行，所以吃起来会有一点药膳的味道。再就是蘸水也很讲究，辣而不燥是乐山苏稽跷脚牛肉的一绝。

跷脚牛肉的吃法也不是只有一种，有汤锅和快餐两种吃法。汤锅比较适合家庭聚餐和小型宴请，几个人围着一锅热气腾腾的高汤，在锅中煮上自己喜欢吃的牛肉、牛杂和蔬菜，再炒上一份牛肝或者牛肉丝，鲜嫩味美，其乐融融。快餐比较适合上班族，诸如蒸牛肉、烫鲜毛肚、烫鲜牛舌是一绝，几乎每桌必点，再配上一碗热气腾腾的米饭，好吃又实惠。说到蒸牛肉也是很有讲究的，他们所用的牛肉，只选颈项上的部位，俗称喜头子，加上老板的秘制配方，才有麻、辣、甜、嫩的味道，以及油而不腻的口感，每一次想起来，我的口水都要流出来了。

成都的跷脚牛肉太美味了，要是你到了成都，不去尝尝这道菜，心里多少会有遗憾。如果要去的话，我向你推荐乐山苏稽跷脚牛肉，保准不会让你失望。

老宅子肥肠鱼

地址 成都市青羊区三道街41
号附1号
电话 13568967139

有美味还有情怀

肥肠恋上鱼摆摆

你绝对不会相信，一座隐秘在成都小巷里的老宅子，却藏着火了快8年的美食！这道美食，就是老宅子肥肠鱼。

肥肠鱼的店铺，是成都市中心为数不多的几处老宅子之一，四周已经被钢筋水泥包围。这家店在网络上那是相当有名，并被评为成都市十大"苍蝇馆子"之一。听朋友讲，这家店的生意很火爆，去晚了经常要排队。我抱着试一试的心态选择了一个周末，约上几个小伙伴专程去尝了尝。

还在店外就听到店员洪亮的声音："外八的黔鱼两斤，肥肠半斤，莴笋一份，外加一份酥肉！""来了，要得！"厨房里的厨师回应道。这种叫堂对于在成都生活近20年的我来说，感觉尤为亲切。进到店里一股香味扑鼻而来，原来是一位大姐正在炸酥肉。炸制过程中，要用漏勺轻轻搅动防止粘连。她看着在油锅里不停翻滚的酥肉，时不时会用手中的筷子梳理一下，根据她自己的经验，当表皮金黄酥脆时就起锅。趁着刚起锅，油温尚在，赶紧撒上他们秘制的辣椒面，一盘热气腾腾、香味扑鼻的现炸酥肉就做好了。

幸好我去得早，排了一会儿就有了空位，我毫不犹豫地点了一份酥肉和肥肠鱼。现炸的酥肉一定要趁热吃，外皮酥脆，里面肥瘦均匀。经过炸制，肥肉中的油汁已经浸了出来，和家里妈妈炸制酥肉一样，面粉糊中加了鸡蛋、葱花，因此葱香浓郁。油温、配料和炸制程度把握得恰到好处，这应该是我吃过的最接近母亲做的炸酥肉的味道了。

其实肥肠鱼才是这里的主打菜。肥肠鱼的锅底是现炒制的，开放式的厨房可以清楚地看到这锅肥肠鱼从制作到上桌的整个过程。等餐的过程中，我去看了下他们的炒料，非常实在，而且料很充足，先将葱、姜、蒜、干辣椒、大红袍花椒和搭配的天然香料放进油锅，爆出香味后再加入一大勺豆瓣酱，并加水炖煮。

水烧开后，先将鱼骨下锅熬煮，随后依次加入鱼片、牛肉、肥肠（因为事先已经卤煮熟透了，所以在鱼片、牛肉之后下锅）、午餐肉等稍作炖煮，上桌前还要加上老板娘好刀工片出来的莴笋片，满满的一大锅肥肠鱼就可以开吃了！不用担心全是一锅肉吃了会腻，老板特意配搭了一些素菜在里面，简直太丰盛了！

我夹了一块肥肠，很惊讶，肥肠里的肠油居然去除得那么干净！于是边吃边跟老板闲聊他们家的肥肠，老板介绍说，他们每天早上7点钟就开始收拾新鲜的肥肠，买回来的肥肠先去肠油，然后翻过来用清水冲洗，至少要洗五六次。肥肠洗干净后再加盐、葱、姜，放入大锅干炒，炒到半熟，起锅继续清洗，这样才能把肥肠表皮不干净的东西洗得更加彻底，这也是第一次入味去腥。最后清洗干净的肥肠还需加入多种香料卤煮入味，工序可谓相当复杂。听了后，我不禁感叹，一家小小的馆子处理肥肠，都能如此下功夫，怪不得生意这么好！

在这家店里不仅能吃到主打的肥肠鱼，还有各种各样的小吃，都特别美味。

严太婆锅魁（文殊院店）

地址　成都市青羊区人民中路
　　　三段 19 号
电话　13258224820

排着长龙求

严太婆锅魁

　　听说严太婆锅魁店生意火爆，我趁周末去体验了一回。店门口等着买锅
魁的人，真的是排着长龙。我们到时，严太婆正在热情地为顾客服务，那娴
熟的动作，完全看不出她是位 60 多岁的太婆。每当旁边烤好的锅魁出笼，她
便麻利地拿起来，用小刀轻轻地一划，锅魁便裂开一条口子，然后利索地把
三丝往里一塞，一个香脆可口的严太婆锅魁就做好了。看到严太婆亲手操作，
我不仅为她的精湛技术所折服，更为她精益求精的精神点赞。

　　我站在队伍里耐心地等待着，特别希望能够尽快地拿到手上，好尝尝这
锅魁的味道。我们等啊等，足足等了半个小时，终于如愿以偿地买到了锅魁。
我拿着还冒着热气的锅魁，迫不及待地将其送进了嘴里，锅魁的美味立刻挑
动起我的味蕾，让人欲罢不能。

　　严太婆锅魁的美誉，绝对不是虚传，那是实至名归。当我把锅魁放进嘴
里时，第一个感觉就是有点凉凉的快意，但又不是那种透心的凉，而是那种

凉得心里发酥的凉。然后，我轻轻地一嚼，一点微微的酸意便跟着跑了出来，同时夹杂着淡淡的辣味。要是你再慢慢地咀嚼，还有一丝丝的甜味在口腔里回味。

严太婆锅魁不仅拌料特别有味，锅魁也特别酥脆，有一种轻轻一嚼就化的效果，完全没有看上去硬硬的质感。严太婆锅魁既脆又甜，同时还夹杂着面粉的清香及三丝的美味，真是吃了还想吃。锅魁不仅做得形态好看，而且色香味俱全，因此是吃到嘴里甜在心里美在心头。

要做好严太婆锅魁可不是那么容易。严太婆已经60多岁了，她为了做好这锅魁，花了许多的心思与心血。记得2009年她在鼓楼北二街刚刚开始做锅魁时，弄出来的三丝味道不错，但锅魁却过硬，顾客是恨不起也爱不起来，不买呢又喜欢它的味道，买了又不喜欢这个锅魁，于是就主动给严太婆提了出来。得到顾客的反馈后，严太婆立即进行试验，最后终于解决了锅魁过硬不酥的问题。

为了做好锅魁，严太婆特别用心，其选料特别讲究，精选上等面粉，配料也是上等料，做工特别精细。她告诉我，先用冷水把老面捏散，再将面粉倒进去使劲地揉和，单揉捏面粉至少得20分钟，目的是要让面粉软和。面粉揉好后，就拿到店铺做成饼。一般一个饼取100克左右的面，然后挨个抹酥，再用擀面杖把生料饼擀圆，并放到烤盘上煎烤，直到两面都泛黄再下炉子去烤。进炉也是有技术含量的，火候务必掌握到位，不然就会烤焦，一般在炉子里只能烤1分钟左右。如此制作出来的锅魁，才能酥脆可口，老少皆宜。锅魁弄好后，还有最后一道程序，那就是放入凉拌三丝。当打开锅魁，将三丝放入其中后，一份让人垂涎欲滴、吃了还想吃的严太婆锅魁就隆重出炉了！

龙头小吃
| | |
|---|---|
| 地址 | 成都市青羊区新城市广场金色夏威夷附近 |
| 电话 | 无 |

龙头莲子羹

老成都的味道

　　龙头莲子羹是成都的百年老字号，因为它不仅香得让人味蕾大开，而且还能暖手暖心又暖胃，因此深受百姓的喜爱。说起龙头莲子羹，我与它还有一段且亲且近的小故事。

　　2000年的我还是单身，晚上就爱骑着自行车在街上转悠。每每逛城归来，回到长顺上街的住处，都会遇到师傅推着三轮车叫卖龙头莲子羹，有时师傅还会敲敲锣，悠扬的锣声划破夜空的寂静久久地回荡，再加上师傅醉人的吆喝声，和着莲子羹的香味儿，每次我都会情不自禁地买上一碗。时至今日，吃莲子羹已成为我的一个习惯。

　　说到汤羹文化，其历史非常悠久，《吕氏春秋·本味篇》中记载了煨汤的技艺："凡味之本，水最为始，五味三材，九沸九变，则成至味。"李渔在《闲情偶寄》中也说过："汤即羹之别名也……有饭即应有羹，无羹则饭不能下。"而龙头莲子羹，在成都至少有上百年的历史，有益心、补肾、止泻、固精、安神之功效。

不仅平民青睐这莲子羹，就连古代的皇帝也把莲子羹当作一道养生美食。据说，清朝的几位皇帝虽然主张自然养生，但同样特别重视用汤羹滋补，尤以乾隆皇帝最甚，可以说他是中国养生第一帝。他在位整整60年，活了89岁，晚年还能骑马射箭打猎，始终保持着硬朗的身体，除了燕窝等滋补品，莲子羹当功不可没。有文献记载，他每每批完奏章，都要来一碗莲子羹养养神、静静心。

虽然龙头莲子羹已有上百年的历史，但它的生存空间却随着城市精细化管理逐渐萎缩，正逐渐从市民的视野中消失。前不久，我在金色夏威夷附近的广场上，就惊喜地发现了心中的最爱——龙头莲子羹。自然，我没有过多地思考就买了一份，那种酸甜酸甜的感觉，美滋滋的，令人难以忘怀。

我问了店主廖阿姨的从业经历。她和我讲，1998年冬，经同姓从业者引荐，她做起了龙头小吃生意。开始只卖龙头莲子羹，生意特别好，有的顾客一次打包就是八九碗，虽然只卖2元一碗，但一个月下来最多赚过2000多元，生活水平也得到了明显提高。后来竞争越来越激烈，生意不好做了，廖阿姨便扩大了品种，做起了冰粉、凉虾、凉糕等小吃，生意也算过得去。

廖阿姨一直坚持，她说已经有感情了，过去很多外国人找她照相，各地的媒体也来采访她，忙得不可开交。现在许多从外地回来的，还专门给她打

电话预约，难忘这道经典美味小吃呢！阿姨讲起这些来特别自豪。不过，现在孩子长大了，老两口只是把其当成闲暇时的副业，并没把它当成谋生手段。随后，我问及廖阿姨莲子羹的做法。她说很简单，先把莲子粉买回来，用开水调湿，再用龙壶熬水，并加少许桂圆，熬的时间不能太短，一般下午两三点钟就得开始熬，水熬好后，把莲粉放进碗里，用开水一冲则成，然后加上白糖、黑桃、葡萄干、山楂等调料，一份上好的莲子羹就做好了。

听完廖阿姨的故事，我埋头吃起了莲子羹，感觉更美味了，软软糯糯、香香甜甜……我想，要想真正了解一个地方的文化，必须把根扎进去，深深地吮吸养分，才能真切地品尝到那纯真的味道。就说龙头莲子羹的味道，它已渗入成都人的血液里，成了成都人记忆中最美的味道。

陈烤鸭川菜馆（铂金城店）

地址　成都市青羊区西府南街
　　　35号

电话　028-86697851

寻味成都

陈家烤鸭

剑走偏锋成一冒

八宝街早些年是成都最著名的商圈，也就是俗称的骡马市商圈，商圈里商家林立，餐馆多得数不清，激烈的竞争就像大浪淘沙一样，你方唱罢我登台，真正能够长久立于不败之地的少之又少。陈烤鸭川菜馆就是其中一个。18年来，它坚持以风格独到、品味上乘的冒烤鸭为主打菜，演绎出了食客络绎不绝的盛况。有一次，我到铂金城办事，恰巧有朋友住在附近。他知道后约我中午在附近用餐，带我走进了这家馆子，并特别得意地告诉我，别小看这深巷里的馆子，他家的主打菜冒烤鸭，保证让你吃了还想吃。

未必见得，我在心里想，是不是朋友太夸张了。要说烤鸭，北京烤鸭和成都庄鸭子名声在外，这个烤鸭我没怎么听说过。带着这样的疑问，我们走进了铂金城旁一条百米小街上的烤鸭店。一进店里，只见120平方米的大堂，20多张桌子都摆着干净的碗筷。两边故意做旧的墙上，美工师用画笔勾勒出老成都的旧时风情，一股巴蜀的文化风韵扑面而来。而门外的烤鸭冒菜间，阵阵浓香飘进店里，刺激着人的味蕾。我们点了冒鸭子、酱排骨、糖烧白、大骨炖萝卜和炝炒油菜，够我俩大吃一顿了。

十几分钟后，我们点的菜就上齐了。朋友既然推荐店里的冒鸭子，那我肯定首先要尝尝这道菜。当我把冒鸭子放进嘴里，慢慢地咀嚼，真的是入口酥软、味至心脾，尤其是浓香的汁液溢满全口，一种烤制香、油香夹杂在一起的味道，把我的味蕾都给搅翻了。于是，我一口接一口地大块吃起来。别说，吃了烤鸭，再喝点汤汁，更是可口又暖胃。

正吃得香，从门外走进一位中年男人，朋友放开嗓门叫了起来："陈叔，你来陪陪我兄弟啊，他是专门来你家打牙祭的。"一看就知道朋友与老板不是一般地熟。陈总走了过来，问起了我们的感受，那自然是美美的。同时，他也给我们讲起了他的创业史。

早些年前，他从简阳到成都一餐厅打工，洗碗、烧煤、打扫卫生什么都干过。一次，他去看厨师炒菜，师傅甩来一句狠话："看啥！你学会了我们吃什么。"当时，他就发誓要在餐饮行业干出个样子来，于是到北京、杭州等地学习取经，既学餐饮又学管理。1990年他便投资2万元开起了簇桥鱼馆，并赚到了人生的第一桶金。2008年，他瞅准八宝街的好地段，就在这里开起了第一家餐馆。他本人姓陈，又主要经营烤鸭及川菜，于是就把店名取为"陈烤鸭川菜馆"。当时，店左边是著名的北京烤鸭，楼上是味当家。要想立足不易，要想超过更难，但陈老板剑走偏锋，博采众长，以特制的"冒"料，硬是把烤鸭做成了一道亮丽的风景线。因此，周围的餐馆换了一家又一家，他的餐馆生意却越来越火，半年时间就收回了本钱。后来，他又投资数百万元，在华阳协和下街开起了"仁和小厨"。

朋友抢过陈老板的话茬给我讲，吃烤鸭就要到陈老板这里来，他家的烤鸭真是价格公道、品质上乘。主要还是他们的工艺很讲究，他们把鸭除毛洗净去掉水分后，还要将葱、姜、蒜、酱油、大料、草果等10多种材料放进鸭肚里，待到鸭肉充分入味后才送进烤炉烘烤，一般是头天收拾鸭子第二天烤，烤制大约45分钟，香喷喷的烤鸭就可上桌了。为满足成都人的口味，他又用10多种拌料熬制成汤，用滚烫的汁水不停去淋切好的烤鸭，使烤鸭有一种特别浓醇的香味，顾客闻到都要流口水。

我们吃完了，此时，我环顾了下四周，早已座无虚席。

纸上谈兵花甲米线

| | |
|---|---|
| 地址 | 成都市青羊区西大街1号新城市购物广场 |
| 电话 | 18349292776 |

芙蓉城里情意浓

# 花甲米线飘香

　　小的时候，母亲常常给我讲，任何东西的获得，必须依靠自己的辛勤劳动，就连做美食也是一样，必须用心用情去做，才能使美味与情怀并存。当时还不明白母亲讲的道理，直到前不久在街头遇到花甲米线，我才大彻大悟。

　　前不久我去正府街办事，很想锻炼一下身体，便走路回的家。冬日的夜风催人寒，当我从西府南街小巷穿进铂金城时，一股沁人心脾的清香扑鼻而来，我定睛一看，发现广场上有好多人捧着锡纸碗在吃着什么，于是再凑近一看，里面有花甲（又名蛤蜊）和米线，散发着诱人的香气。吃米线的人不乏时髦男女，大家吃得热火朝天，很尽兴的样子，看起来要多舒服有多舒服。也许是饥饿加上寒冷的缘故，也许是米线香气浓的缘故，使我不由自主地停下了脚步，也点了一份酸辣味的花甲米线。

　　早就听儿子讲过花甲米线特别好吃，可到底如何呢？今日有了一饱口福的机会。服务员很快就送了过来，我端起米线，仔细观察，发现除了米线和花甲，还有豆腐，于是夹了一块放进嘴里，感觉豆腐特别入味，不仅有麻辣的感觉，而且还有点酸酸的味道，再加上香油的清香，特别好吃，味蕾似乎激动得都跳跃起来了。花甲跟米线配在一起，米线也有了花甲的鲜味，再加上辣乎乎的味道，特别地爽。旁边的一位青年给我讲，这家的花甲米线特别好吃，无论是寒冬腊月，还是酷暑盛夏，吃上一碗花甲米线，绝对能够让胃里舒服起来，所以来这里就餐的人络绎不绝。

据老板介绍，他家的花甲米线之所以好吃，一方面是因为它香、辣、嫩，吃起来柔嫩可口，香味逼人，口感丰满而醇厚、新鲜而细腻；另一方面是缘于他们精心研制的调料，先用葱、姜、蒜、胡椒、辣椒等作料，按照一定的比例调好酱汁，然后用锡纸包着嫩嫩的花甲和酱汁放在火上烤，烤熟后再把米线趁热下到碗里。这些原料的合理搭配，使得花甲米线十分美味，让人垂涎欲滴。中医认为，花甲肉有滋阴、明目、化痰之功效，部分贝类还有益精润脏的作用。花甲米线的价格还很实惠，招牌款只要十几块，有麻辣、酸辣、酸汤等多种口味，还有肥牛、鱿鱼、鱼丸、鲜虾、肥肠等多种配料可自选组合，真正是丰俭由人。

其实，花甲米线好不好吃，还有一个关键就是那一勺酱。做花甲米线的黄师傅讲，他在成都打拼了十几年，都没有找到自己的发展之路。到了2014年，他突发奇想，在闽菜配方基础上加以改进，研制出了现在的花甲酱料。黄师傅的花甲酱，堪称一绝，它由几十种中药、香料加菜籽油熬制而成。这勺酱也改变了他的人生，从2015年第一家店开业，花甲米线就进入了飞快发展的轨道。如今，花甲米线遍布成都。

成都人耿直、随意、豪爽，不介意吃饭的环境，桌子矮到不行，也无所谓，生意好的时候，没有板凳蹲着吃，也无所谓。无论是烈日酷暑，还是刮风下雨，店里店外总是坐得满满的。食物对我们意味着什么？可能对大多数人而言，仅仅是入口之食、饱腹之物。而蕴含在食物中的情意，却是很少有人能体会到的。我们每个人都应该学会亲近自然、热爱美食、享受生活。

寻味成都

芙蓉树下·就是成都
冒菜（全国总店）

地址　成都市青羊区忠烈祠东
　　　街 15 号
电话　19983517354

秀出文艺范儿

# 芙蓉树下冒菜

　　"火锅是一群人的冒菜，冒菜是一个人的火锅"，这是在成都特别流行的一句话，真正把餐饮哲学用到了极致。我每每听到这句话，脑海里就会想起那群爱吃冒菜的好哥们儿。

　　前不久，这些哥们儿来成都旅游，我做东向他们推荐了成都美食冒菜。我们去了"芙蓉树下·就是成都冒菜"。这家店在成都的大街小巷我见过几家，因此我早有前往一试的打算，却因为各种琐事缠身，一直没有进店品尝过。

　　当我们一行人来到冒菜店时，店内的环境一下子就吸引了我，整个一面墙做成了青砖样式，并挂着一些画框和青花瓷的盘子，把环境点缀得特别文艺范儿；另一面则用竹条弯折并排起来，从而形成了独特的"竹墙"，竹墙上缠绕着一些藤蔓，上面装饰着一只可爱的大熊猫。这一切的装潢，再配着店内鹅黄色的灯光，既温馨又舒适。墙壁上还有一幅画，画上有小孩、老人、商贾等，或站，或蹲，或坐，都端着土碗津津有味地品尝着小吃。再细看，树下人群中土砖上搭着一口锅，下面辅以柴火，沸水翻滚的锅中，放满了特制的竹篓，竹篓里盛满各种新鲜蔬菜。正在我欣赏着这幅画时，服务员走了过来，热情地向我们介绍着画并引导我们入座。据服务员介绍，这幅画就是描写冒菜的，也就是那个被"花蕊夫人"赞不绝口的芙蓉树下冒菜，它传承至今，不断推陈出新，至今深受食客喜爱。

当我坐到板凳上，这宽板凳给人的感觉特别踏实和舒坦，加上大厅里人声鼎沸，配合着端菜的吆喝声，我恍然穿越时空，来到了画上描绘的那个年代，直到我的鼻子嗅到浓郁的清香时，这地道的成都味才让我回过神来，从梦境里回到了现实中。

看着眼前一碗碗的冒菜，食材搭配很有特色，肉能清晰地看到纹理，表面还撒着香菜、小米椒以及蒜蓉，红绿白的清新搭配，让人忍不住来上一筷子。再看看店内的环境，从店面陈设到用餐器皿，无一不与芙蓉树下冒菜的风格相融：清新淡雅，古朴怀旧，满富人文情怀。

"九天开出一成都，万户千门入画图""安其居而乐其业，甘其食而美其服"。一个令当今世人期许的和谐人居、品质生活的田园城市环境，就是芙蓉树下这个品牌蕴涵的精神内涵。这环境、这味道，使我不由自主地想狂吃一顿，随手夹起一片牛肉放进嘴里，香而不辣，辣而不燥，油而不腻，麻辣鲜香，令人回味绵长。

芙蓉树下冒菜分量特别足，点上一份，保你能够吃饱喝足，尤其它那独特的冒菜底料与配方，融合了南北口味，让人唇齿留香，欲罢不能。还有就是菜肴特别丰富，有上百种菜品供你选择，譬如他们的招牌菜：招牌牛肉、招牌肥肠、招牌千层肚以及特色菜特色脑花、特色鸭脑壳、干拌兔腰……绝对能够满足食客的选择。至于食客更关心的价格是不是合理公道，这里的价格很亲民。

客观地讲，这里有成都最原生态的生活，既有美食的分享，又有文化的体验，还有氛围的衬托。"这个味道好像宽窄巷子里的那家冒菜。"老兄夹起一片千层肚放进嘴里。经过这么些年，我虽然学会了沉稳，但依然时常回忆起三五好友坐在街边吃着串喝着酒，浓浓的市井味儿，既接地气又豪爽的快乐。或许是味蕾被疯狂刺激的缘故，或许是怀恋儿时的快乐时光，心里总有一种说不出的惆怅，我想那应该是久违的乡愁也跟着涌上了心头。

　　我们吃完冒菜天已黑，出门一看仍有很多人在排队等候。临走，我回头望了一眼店里头，有三五好友，也有情侣成双，在那幽幽的灯光中，特别有情调。他们的欢乐并不相同，但却都在品尝着同样撩人的味道。

　　店家说了："来芙蓉树下，观木莲花开；吃美味冒菜，品成都味道！"那种惬意和舒坦，我想便是"芙蓉树下"的精髓所在。

宋二姐养生土鸡火锅

| 地址 | 成都市青羊区牧电路7号附6号 |
| 电话 | 028-84318409、15928620837 |

蓉城标杆数第一

美人始创芋儿鸡

说起芋儿鸡，老成都人无人不知宋二姐！在网络还不发达的年代，饮食文化即便全靠广播和出租车司机口传，宋二姐的大名依然响遍了全成都！10多年前，成都市有3种鸡最受欢迎：火锅鸡、烧鸡公、笋子鸡。宋二姐善于创新，她将这3种鸡的做法结合起来，在鸡里加入芋儿、笋子、魔芋，竟然做成了成都第一家芋儿鸡火锅店，她家的芋儿鸡火锅自然成了芋儿鸡火锅的鼻祖。

宋二姐是个不断创新的人。如今她为了适应养生潮流，又开发出几种养生锅。我相信，只要是爱好美食的人，绝对想体验一回。

百闻不如一见，咱们就到宋二姐的店去见识一下这个传说中的芋儿鸡始祖！"二姐，来个大锅芋儿鸡，加笋子，加芋儿哈！"刚到店门口，就听到有人在喊。"要得！"一进门，那个热闹劲儿，无法用言语来形容。还好，我们到店的时间早，差不多下午 5 点多，因此不用等位，但晚点就不好说了。我们一行只有 3 人，但朋友说必须点大份，不然不够吃，因为味道真的太好了！

"因为鸡是现做的，所以要等半个小时哈！"说话的就是咱们成都美食界的传奇人物——宋二姐！味道真有这么好？宋二姐看出了我的疑虑，于是和我们讲起了她家的芋儿鸡。她说芋儿鸡要好吃，首先材料要选好。宋二姐特选了土乌鸡、笋子、芋儿和魔芋相配，而这几种菜的搭配，那是相当讲究的。如笋子，宋二姐是从上百种笋子中挑选了贵州赤水的筒筒笋，因为筒筒笋又香又脆，口感也极好。芋儿则按照粑、糯、黏的标准来选择，最重要的是她选的鸡是山里放养的虫草黑土鸡，这种黑毛、黑皮、黑肉、黑骨、黑内脏的五黑鸡，是比较罕见的健康食材。为保证质量，宋二姐还和当地政府搞起了"公司＋农户"的养殖模式。其实有关土鸡的事，食客多半会对商户持怀疑态度，二姐则直接公开价目，五黑鸡、跑山鸡、本地土鸡 3 个等级明码实价，什么价位吃什么等级的鸡，实话实说不搞小动作，这是宋二姐做生意的原则，也是食客认可她的原因。

当然，宋二姐的烧鸡公也很好吃，底料是一大法宝。豆瓣、豆豉、花椒、辣椒……看似最普通、最简单的材料，却能炒出最别致的美味。下料的多少、材料的配比、炒制的火候，每一个环节都不可疏忽。红油烧开，下冰糖，既提色又增加甜味，再加入必不可少的豆瓣和糍粑海椒，以及秘制的香料。然后用一口大锅不停翻炒，慢工出细活，最后这香辣美味的底料就算大功告成了。宰上一只纯正的土乌鸡，下锅炒制一番，放入大葱、姜片，特别是花椒，以提味去腥，再将煸好的鸡肉倒入高压锅，加入芋头、魔芋，待其焖至入味，就可以出锅啦！

看到红亮亮的鸡肉，我赶紧夹起一块，在蘸水里一滚，放到嘴里，肉质紧实，鸡皮薄而富有弹性，简直是肉食者的福音。几块鸡肉下肚，再尝下芋儿的味道。咬一口，那个软，那个糯，简直无法用语言来形容！还有笋子，脆香脆香的……难怪朋友要点大份的，因为好吃得根本停不下来啊！鸡肉里面有芋儿的香味，笋子里面有鸡肉香，食材之间最完美的融合也不过如此！待我们风卷残云般地吃完一锅芋儿鸡后，宋二姐还贴心地为我们搭配了鸡杂、鸡血和各种小菜，荤素搭配，吃得肚子都快撑破了。

我们吃完后无比满足，临走的时候才发现，虽然服务周到细致，但工作人员一直没跟我们说过话。一问才知，原来宋二姐店里用的多是聋哑人，因为她觉得自己有能力了应多帮助残疾人。其实，这就是人生的境界。想当年，她下岗也过得不好，最初店铺开在新鸿南路，简单得就一个店招、几张桌椅。历尽艰辛，最终发展成了如今的连锁企业，来店里吃饭的人排长龙，但是为了一尝美食，也为支持爱心事业，人们还是坚持下来了，而且一坚持就是十多年，好多人从娃儿变成了娃儿他爹他妈。这些忠实的粉丝，不管是普通民众，还是文化人士，甚或餐饮界大咖，都被宋二姐土鸡火锅的美味俘虏了，并一路追随、不离不弃。

宋二姐抱着慈善、积极、奉献的态度，十年如一日地经营着店铺，她的这种精神让我敬仰。

宋鸡片 (宽窄巷子店)

地址 成都市青羊区三道街26
号附15号

电话 028-62073985

一份都市的情怀

宋鸡片的味道

　　久违的宋鸡片，实在让人嘴馋，让人久久难以忘怀。大约在9年前，我与它相识，当时陕西街在搞拆迁，我和朋友到西御河沿街，第一次品尝到了美味的宋鸡片。自那以后，我每隔一段时间，都会去品尝一回。2015年因旧城改造，宋鸡片搬走了。也许是缘分，也许是嘴馋，为品尝这道大餐，我周末骑着单车到了青羊区，再一次尝到了宋鸡片的味道。

　　来到宋鸡片宽窄巷子店，看食客正在津津有味地吃着，我也不假思索地喊了起来："小妹，给我来份鸡片，加点鸡杂也行。""好的，25元。"小妹从一个盆里抓起鸡片，又从另一个盆里抓起鸡杂，然后放到秤盘里，大声地给我报起数来。"可以，小妹，多加一点儿拌料，最好辣一点儿。"我是无辣不欢。当服务员把拌好的鸡片端上来时，色泽金黄的鸡片，让人胃口大开。宋鸡片不仅鸡肉质地好，而且作料也很讲究，是一种地道的老川味。切鸡片的功夫也是了得，鸡片不仅厚薄均匀，而且大小适中。

自西御河沿街拆迁以来，好久都没吃过宋鸡片了，我忍不住夹起一块塞进嘴里，那股麻辣味直冲味蕾，爽爽的，辣辣的，特别刺激，慢慢咀嚼一番后，还有一股甜味儿。虽然搬到新地方，但这还是过去的宋鸡片，还是过去的老味道，无论是亮丽的色泽，还是鲜美的味道，甚或扑鼻的清香，都没有一丝改变。

说到宋鸡片，它还有一定的历史沉淀。20世纪90年代初，宋学林发现成都人对鸡情有独钟，从宫保鸡丁到椒麻鸡、棒棒鸡等，都特别值得称赞。于是，她决定以鸡为突破口，开始创业之旅，先在太升桥路口经营外卖生意，后搬到了星辉中路，卖起一盅一盅的鸡汤，鸡汤味道非常鲜美，生意特别红火，后因店面扩张需求，她又把店铺迁到了北苑商场。没想到商场内缺少人气，回头客锐减，宋学林决定把店铺搬到西御河沿街，由此给宋鸡片带来了发展的契机。她拌制的鸡片不仅味道鲜美可口，而且物美价廉，给食客留下了极好的印象，慕名而至的食客络绎不绝，生意好得无法形容，可食客不知道店名叫什么，因她姓宋，便称其"宋鸡片"。由此，宋鸡片就成为一张无形的名片，吸引了不少食客前往。宋学林见此情景，也就把宋鸡片作为了自己的店招。

一道美食，一旦你喜欢上它，便不会因为路途的遥远而畏缩，也不会因为价格的高低而困惑，不自觉地就会把它作为自己的不二选择。如今，宋鸡片搬到了青羊区三道街，我依然常常骑着单车来一饱口福，因为在我的记忆深处，似乎只有它的麻辣味儿，才能打开我的味蕾。我想，或许这就是成就百年老字号的文化心理，也是演绎城市美食文化的核心动力。客观地讲，宋鸡片就是个最鲜明的案例，它不仅在我的生活中驻足，而且在成都人的脑海里留下了深刻的烙印。

味香村土家菜馆

地址　成都市青羊区清江东路
电话　17308092190

从人文到美食的嬗变

麻老虎嘎嘎

　　麻老虎嘎嘎是重庆的一道土家族特色传统名小吃，以精瘦肉为主料加上中药香料烹调而成，历经百年风雨而不衰。虽然麻老虎嘎嘎是重庆土家族菜谱的"主打歌"，但成都人在这道菜移师成都后，他们根据成都人的口味，不断调整味道，从而赢得了食客的一致好评，渐渐地演绎成了成都美食界的一道亮丽风景线。

　　第一次品尝麻老虎嘎嘎，它的美味就给我留下了深刻的记忆。2016年某个春日，我外出办事，结束时已过12点，因为味香村土家菜馆就在附近，便在这家菜馆吃午饭。服务员给我推荐了麻老虎嘎嘎，这道菜我还是第一次听说，据说特别美味。我这个十足的吃货，见到美食哪有不尝的道理，于是点了这道菜。

　　点完菜，环视四周，150多平方米的大厅，桌子上摆着干净的碗筷，两边的墙上挂着墨宝，一股浓厚的文化气息扑面而来。一阵阵浓香飘进大厅，刺激着人们的味蕾。10多分钟后，服务员把菜端了上来。我指着像一叶船帆的菜盘里面金黄的菜肴问道："这就是所谓的麻老虎嘎嘎吗？"服务员点了点头说，这就是麻老虎嘎嘎！第一眼看到它，从色泽上就感到特别的美，这是一种简约极致的美，令人食欲大增，于是我拿起筷子夹起一块肉就往嘴里送。慢慢地咀嚼，入口酥软、浓香四溢。实在太美味了，很快一盘就见底了。我伸伸腰，打个饱嗝，真是满足极了！

这麻老虎嘎嘎真是好吃，吃在口里，那种麻辣酸味在口中交替，随之会产生一种美妙的感受。麻老虎嘎嘎嫩、酥、脆、烂兼具，这是我吃了无数美食后体验到的称得上极致的一道美味。就说嫩，其肉质特别鲜嫩，当我放入口中，慢慢一咀嚼，轻轻地就能嚼断嚼烂，据服务员讲，要做到这样很不容易，首先要挑选猪肉的精瘦肉，切成料块后，用中药和天然香料制作而成，尤其要保证刀工、火候、加热时间齐位。还有酥也是麻老虎嘎嘎的特点，能够做到"迎牙而碎"，且满口飘香。自然它也很脆，这脆不像酥那样，它是一咬即断、爽利不黏。说到烂，麻老虎嘎嘎是烧煮至透熟，吃它就像吃豆腐一般，即使牙口不好的人，也能尽情享用。

饭后我与老板闲聊，随后他就给我讲起了麻老虎嘎嘎的来历。起初重庆人用猪瘦肉丁和干椒烹制了一道美食，却一直没有菜名，由于这道菜特别麻辣，于是就取名为麻老虎嘎嘎。随着岁月的磨砺，这道菜不仅成了重庆人餐桌上的佳肴，而且走出山门来到了成都，并成了成都人最喜欢的一道美食之一。

## 金牛区
## 大城市弥漫民俗，
## 小聚落盛装川味

　　城市聚落的发展，既是城市品质提升的内在要求，也是城市文化荟萃的现实需要。在这里，你不仅可以寻觅到正宗的四川菜，品尝到麻辣的味道，领略到火辣的热情，而且还可以欣赏到川西民俗文化的美，不仅饱了眼福和口福，还能获得一种精神上的享受。

寻味成都

食而百

地址　成都市金牛区解放路
　　　二段

电话　15883840266

茯苓酱肉包子

解放路上风景美

　　食而百的茯苓酱肉包子，个大皮薄，馅料分量很足，表皮透着油光，味道很不错。

　　除此之外，茯苓酱肉包子是现包现蒸现卖的，特别新鲜，吃起来比较松软。我与排队求购的人一样，刚买到手就吃了起来。正巧看到旁边有位美女也吃得津津有味，我忍不住和她闲聊起来。原来她在2016年从玉林搬到解放路附近，一日出来玩发现很多人排队买包子，她感到好奇，也排队买了几个，一吃就爱上了茯苓酱肉包子，而今天天都要来买食而百的茯苓酱肉包子。

　　茯苓酱肉包子有这么多忠实的粉丝，激发了我的好奇心，我于是与食而百的老板聊了聊。一聊才知道，他们的店可是老字号了，茯苓酱肉包子已传了三代人。难怪这包子如此受顾客青睐，那是经过历史沉淀的。

　　茯苓酱肉包子深得食客喜爱，最大的秘籍在制作上，这包子可是经过精雕细琢出来的产品。茯苓酱肉包子的主料是小麦面粉，辅料是肥瘦适中的猪肉和土茯苓，同时还需要姜、大葱以及胡椒粉、香油、黄酒、盐、酱油等调料。

　　第一步是将茯苓去皮，用清水润透、蒸软切片，再用煎法取汁，每次分别加水约400毫升，加热煮提3次，每次煮1小时，3次药汁合并滤净，并将其浓缩成500毫升药汁待用。第二步就是在面粉中，加入大约30克的酵母粉和50毫升温热茯苓水，和成面团发酵，再将葱、生姜洗净切末。第三步则要将猪肉剁成蓉，倒入盆内加酱油拌匀，并将食盐、姜末、黄酒、葱花、胡椒等放入盆中搅拌成馅。第四步就是将发好的面团加入适量的碱水，并把它揉匀，然后搓成3~4厘米粗的长条，按量揪成剂子块，把剂子压成圆面皮，逐个包成生坯。第五步便是把包好的生坯放入蒸笼内，沸水上笼用武火蒸大约15分钟即成。

　　食而百的茯苓酱肉包子现蒸现卖，师傅动作特别麻利，很快就蒸好一蒸笼，真正是这笼卖掉那笼来，这流水线的作业现场，简直就像一场行云流水的表演，让我看了不得不为其竖起大拇指！

盖帮市井串串
地址　成都市金牛区内曹家巷6号
电话　18328705331

盖帮串串
藏在闹市之中的美味

四川气候特别潮湿，吃辣可以除湿，所以慢慢地吃辣就成了四川人的一种饮食习惯，可谓是无辣不欢。

四川的辣可以分为不同程度，酸辣、麻辣、特辣、变态辣，总之，四川人就是要吃辣。在四川，带辣的食物特别多，最典型的就是火锅与串串香，成都一条街上至少有一家串串店，但是味道独特且好吃的不多。说到味道独特，盖帮市井串串算是一家，它给我留下了深刻的印象。

前不久我到曹家巷办事，便与同事在这里体验了一回。这家店的名字很特别——盖帮市井串串，乍一听还以为是射雕英雄传里的洪七公来了，自然很容易记住，而且特别文艺特别响亮。这家店不仅有文艺范儿的名字，而且还有同样惊艳的味道。

我们坐定点了菜。没一会儿工夫，服务员就把锅端了上来。服务员自豪地给我们介绍道："盖帮串串用的都是纯牛油，还有郫县豆瓣、生姜、大蒜、花椒、洋葱、冰糖、大葱等料，经过慢火炒制而成，你们闻闻，还有一股沁人心脾的浓香。"经服务员这么一介绍，再看看这红汤锅底，味蕾一下子被打开了，让人垂涎欲滴。我把煮好的菜取了一串，狠狠地咬了一口，然后细细品味，还真是回味无穷。

趁菜品加热时，我问起了服务员，才知道盖帮串串除了牛肉、排骨、掌中宝、小郡肝等，还有肥肠节了、五香牛肉、鸡脚筋、天味小香肠等，菜品丰富。

没过一会儿，肥肠节子就煮好了，肥肠节子吃起来肥而不腻，特别爽口。同事更喜欢吃鸡脚筋，但我从来没有吃过，看到他吃得津津有味，也就跟着吃了一口，感觉特别脆。这时服务员恰好走过来，热情地给我们讲，鸡脚筋在其他的地方是吃不到的，这是盖帮特有的招牌菜。

正说着老板过来了，给我们推荐了一道菜——鲫鱼。我一听，还真不敢相信自己的耳朵，吃串串，怎么又说到鲫鱼了，是不是我听错了？于是我继续认真听，老板确实讲的是鲫鱼，他说："我们店的鲫鱼味道很好，每个月至少要卖1000多条，你尝尝这道菜，保准会颠覆你的味蕾。"

于是，我决定体验一下，问他怎么吃。老板一听，不由得笑了起来。我不得不一本正经地再次问道："那怎么吃呢？"当时我就在心里想，莫非又是清蒸。正在我疑惑不解并再次询问时，老板自豪地讲："不是清蒸，这个鱼是藤椒与青花椒结合烘托出来的美味，鱼上桌服务员会提醒你趁热吃。"后来才知道，这道菜卖得如此之好，一点都不奇怪。因为鱼现点现杀，杀了之后在秘制高汤里面烹制，待煮熟后取出来再蒸，最后还要淋汁，并放少许小葱，才能正式上桌。我吃完这条鱼，只能用一个字来形容：鲜！

由于办事走了很多路，那天的肚子是完全腾空了的，因此最后还点了一碗盖帮炒饭。别小看盖帮炒饭，它可是用了"降龙十八掌的内力"才炒制出来的。老板也舍得下本，用的都是好米，米饭粒粒分明，尤其把鸡蛋炒成了蛋干，看上去跟小时候吃的油渣儿炒饭一样，味道鲜美可口。

成都美食聚集地多如牛毛，譬如春熙坊、宽窄巷子、一品天下、环球中心等美食圈，美味菜肴成千上万，让你看得眼花缭乱，唯有曹家巷最具代表性。说起曹家巷很多人不知道，它修建于1954年，巷内多是三层红砖楼，这在当时算是豪宅了。随着社会进步，曹家巷的优势慢慢变成了劣势，成为市井之地。盖帮市井串串的老板喜欢金庸的《射雕英雄传》，他不知看了多少遍，还把最爱吃的"洪七公"手绘下来挂在了店内，自然店内挂图也有天下五绝之一的降龙十八掌。老板和洪七公一样，也特别爱吃，其梦想就是能走遍大街小巷，吃遍天下美食，于是在曹家巷开起了一家美食店，并用丐帮谐音为店取名为盖帮市井串串。

店老板还给我们讲起了火锅串串的历史。他讲，火锅起源于重庆，麻辣烫起源于乐山，麻辣烫是草根美食最大众化的体现，实际上是火锅的另一种形式，所以人们又称麻辣烫为小火锅或串串香。听了他对串串的讲解，自然就明白了他对串串的情怀。

盖帮市井串串，吃了就会上瘾！

地址　成都市金牛区西安北路
　　　26号
电话　028-87715530

美食综合征的终结地

一把骨

　　火爆的一把骨，馋煞了多少美食家，因为要想品尝，就得排着长队等待。前不久母亲从老家来，我和哥哥为给母亲接风洗尘，就专门打车去了西安北路的一把骨餐厅，第一次品尝到了一把骨的美味。

　　在成都，说起西安北路的一把骨，地球人都知道，因为它已经红红火火了十几年。用老板娘的话讲，他们家用过的骨头，少说也有1亿根，连起来至少有6000多千米。

　　母亲喜欢清淡的口味，我们便点了一份粗粮一把骨。一把骨的种类特别多，你如果喜欢吃麻辣味儿的，那可以点播椒一把骨，这是一把骨的经典味道，是真正集"五味杂陈"于一体，而且每一种味道都特别鲜明，让你的舌头有一种清晰的感受，用儿子的话讲，真是好吃到舔手指头。当然，酸菜一把骨、干锅一把骨、甲鱼棒子骨、松茸棒子骨等也很不错。

　　我们点完菜，服务员很快将一锅骨头端了上来，里面除了骨头还有玉米、胡萝卜、鹌鹑蛋等，玉米金黄、汤汁奶白，看着就让人食欲大增。于是，大家

纷纷动口吃了起来。

多吃五谷杂粮少生病，小时候母亲常这样教育我们，因此我特别喜欢吃麦面、玉米等粗粮。不吃不知道，吃了才知道这真是一道好菜，不仅玉米甜糯、胡萝卜软烂，而且鹌鹑蛋特别惊艳，吸满了骨汤鲜味的鹌鹑蛋，放到嘴里一咀嚼，既有骨头汤的浓香，又有鹌鹑蛋的清香，美美的感觉直入心窝。

当然，最美味的不是鹌鹑蛋，而是棒子骨。棒子骨上的肉被炖得软烂，但火候又恰到好处，如果炖的时间过长，棒子骨上的肉会脱落，就会变得干涩，吃起来就没有味道了，而一把骨的棒子骨上的肉既没有脱落，吃起来又软粑细腻，有种嫩嫩的感觉，真正是吃在嘴里美在心头。

啃了骨头喝了汤，千万别忘记一件事，那就是吸骨髓，棒子骨的骨髓特别肥美，你只要将吸管插进去，用嘴轻轻一吸，骨髓就顺着吸管流进了你的嘴里，白嫩、细滑、清香……让你欲罢不能。当第一口骨髓入肚后，我开始拼命地吸，直到把骨髓吸得干干净净。

到一把骨来聚餐，不能一道菜吃到底，还得点配菜才行，这里的配菜有主

题且更有特色。要说起不需配菜的，那就是卤骨头。这卤骨头在厨师的精心制作下，可以自个儿挑大梁，不需任何配菜，也不需要什么衬托，就可以征服食客的胃。卤骨头是在秘制炉料里浸泡熬制而成的，色泽诱人，肉质入味，味道馥郁鲜香，特别是瘦肉纹路清晰，带着淡淡的荤香，吃起来软嫩，但紧挨着骨头有肌腱的地方又特别有切劲儿，吃起来不仅肥而不腻，而且特别筋道，能够让你真切地享受到唇齿留香的美味。

我们吃罢晚餐，就和老板娘攀谈起来。她给我们讲了做一把骨的经历。她原来打算经营川菜，后来发现有客人独独喜欢棒子骨，就逐渐研究开发，直到今日已有各类口味 10 余种，而且由于厨师敬业，积极发扬钻研精神，遂把棒子骨做成了品牌。十几年来，不管餐饮业如何风云变幻，一把骨始终坚守着这道男女老少、东西南北和四季皆宜的美食，满足了众多食客的需求，也演绎出了猪骨头的传奇故事。

天气渐凉，冬装穿身上，一晃又到了喝热汤的时节。于是，心里又想到了热乎乎的骨头汤，那就去一把骨吧，因为那里是食客们选择综合征的终结地。

人民食堂

地址 成都市金牛区天龙大道
1166 号 1 号楼
电话 18881915745

宫保鸡丁

大隐隐于市的美味

　　宫保鸡丁，一道闻名中外的特色传统菜。"辣中有甜，甜中有辣。鸡肉的嫩滑配合花生的香脆，入口鲜辣酥香，红而不辣，辣而不猛，肉质滑嫩。"做乡厨的婆婆总是这样说。小时候的我哪里懂得这些，只知道好吃，只要这菜一上桌子，拿起筷子就要先把一半拨进自己碗里，生怕被表弟表妹们抢完了。而今，婆婆已经去世 20 多年了，一直没有再吃过记忆中婆婆最拿手的宫保鸡丁。

　　一天中午，表弟打来电话神神秘秘地说，晚上聚餐要给我个大惊喜，我问他是什么事，他在电话里说晚上到了就知道了，然后就把电话挂断了。我猜了一下午，终于熬到了下班，便开车去了他说的地方。这地方很好找，就在金牛区天龙大道 1166 号路口。我停好车一看，心里立刻凉了半截，那么多人哪有位置呢？一个七八十平的馆子，加上门口坝子也不过 100 多平方米，密密麻麻的，全是人。刚想打电话问表弟怎么办，就看见他站在院坝边上朝我招手。我走过去才知道，他们早就来了，结果还是只占了个边边位置。

坐下来才知道这家店为什么生意这么好，连空气里都飘着浓浓的菜香。我问表弟有什么惊喜，他说中午跟人到这附近办事，听朋友说这家的菜是一绝，吃了才觉得实在好吃，更惊喜的是点了一道宫保鸡丁，居然是婆婆当年做的那种老味道。我听他说得眉飞色舞，越发感到饿了，毕竟婆婆当年做的宫保鸡丁的味道是我非常想念的。

正要找服务员，一名美女走过来热情地招呼道："几位不好意思，让你们久等了，你们的菜马上就上哈！"一问才知道，这是亿和居人民食堂的老板娘，从学校出来就从事餐饮行业。后来不想总给别人打工，积累了一定的经验后，她便和做厨师的老公一道，开始了自己的创业之路。表弟马上凑过去跟她讲："我是专门带人跑老远来吃的，你们要把我们点的菜做美味点哈！"

表弟说完居然还不放心，拉着我一道去厨房外边看。我们点的第一道菜是宫保鸡丁，只见厨师麻利地切下一块鸡胸脯肉，同时备齐了葱、姜、蒜、辣椒、花椒、白糖、盐、料酒等10多种配料，然后将锅烧热，倒入食用油，待到油热后，再把鸡肉、葱、姜、蒜等放入锅内进行煸炒。炉子里的火特别旺，眨眼工夫，一盘红而不辣、辣而不猛、麻中带甜、肉质嫩滑的宫保鸡丁就做好了。

其实，宫保鸡丁这道菜是有故事的。传说清朝年间，四川总督丁宝桢是个美食家，对烹饪颇有研究，喜欢吃鸡和花生米，又极喜欢吃辣的，他在山东任巡抚时，山东菜多清淡温和，他吃不惯，便让家厨将鸡肉、花生米、辣椒放在一起爆炒，并将其做成了一道美食。当调到四川任总督后，这道美味就在四川推广开来。于是这道丁家的私房菜便流传了出来，成了家喻户晓的佳肴。由于丁宝桢治蜀10年，多有建树，死后清朝政府便追封他为"太子太保"。"太子太保"是"宫保"之一，为了纪念丁宝桢，于是，他发明的这道菜因此得名为"宫保鸡丁"。前不久，我到宽窄巷子见山书院购书，有幸读到了《总督丁宝桢》一书，其中就讲到了宫保鸡丁的这段来历，足见这道菜的历史底蕴。

老板娘见我们吃得高兴，同时还赞不绝口，便自豪地给我们讲起了她家的菜谱。她说，她家的宫保鸡丁所选的鸡胸脯肉都是鲜三黄鸡的胸脯肉，并要用调料进行腌制，还需花生米、葱、白糖、盐、姜、蒜适量。炒好的秘诀就是：热油锅，油不过。说话的工夫，服务员又上了几道菜，见我们老远而来，老板也出来了。

老板厨艺特别精湛，饭店自开张以来，时时爆满。为何生意这样好？老板讲，餐饮行业是最劳累、风险最大的行业，只有认真做好每个环节，菜肴才能做到上乘，顾客才会满意。为此，他多年来一直坚持一件事：每天总结工作得失，广泛听取顾客意见，真正把餐饮做到了满足顾客的需求。虽然饭馆面积不大，却做出了客人记忆中的味道。

目送着一拨拨食客来来去去，看着老板忙碌不停的身影，我突然想起了婆婆，因为当年她和这个老板一样，对老手艺有着不变的执着。我真诚地希望老板不忘承诺，坚持用老手艺来做美食，用精致的美食留住客人记忆中的味道……

熊氏烤鸭店

地址　成都市金牛区张家巷21栋附8号
电话　13699084088

迎八方来客

熊氏烤鸭

　　早闻成都有条街，一到下午6点就会车水马龙，人声鼎沸，非常热闹，这条街的名字就叫作张家巷。

　　张家巷这条街很小，但却包罗各种美食，你所能想到的火锅、串串香、冒菜、小龙虾、烧烤都有，但是还有一种美食你们想不到，那就是卤菜。我看到张家巷里里外外不下10家卤菜店，有一家卤菜店的生意格外好，大老远就能看见柜台围满了顾客，清晰地听见老板和老板娘喊着："今天吃点啥子呢，老买主""吃啥子，帅哥""姐，好久不见了，还是老三样哇"……

　　看着这么热闹，我忍不住想过去看看是什么吸引了这么多顾客。一到柜台前，老板娘一边很热情地给我递装食物的袋子一边喊道："帅哥，想吃点啥子呢？第一次看见你，我给你推荐一下，我们家的招牌是烤鸭，很特别的川式烤鸭，里面加上各种蔬菜，麻辣鲜香，好吃得很。还有几十种卤菜、拌菜，喝酒请客都很好。"

　　我笑笑说："我先看一下，老板娘你先招待其他顾客。"

老板娘笑容满面地用地地道道的成都话回答我："要（四川方言，意为好），看到喜欢的喊我，我给你称。"

此时，我抬头看看招牌——熊氏烤鸭店。老板和老板娘是很用心的人，比如他们记得熟客喜欢吃什么，知道你今天是第一次来。现在的都市人，各自忙碌打拼，无暇顾及身边的人，像老板和老板娘这样既细心又重视顾客，确实很暖心。我忍不住买了一只烤鸭，老板娘娴熟地把鸭肉剁小，装进竹筛放进热气腾腾的汤锅里，锅的外面是十几种素菜可供选择，我选了一些我喜欢的菜让老板娘放进锅里煮。这种做法我们称为冒烤鸭。

说到这冒烤鸭，我给大家介绍一下，冒烤鸭是成都的特色美食，它结合了北京烤鸭的皮脆肉嫩和四川的冒菜吃法，将烤鸭切块后放到熬好的高汤里烫一下，加上冒菜就是一钵热气腾腾、荤素搭配、鲜香四溢的四川特色冒烤鸭了，而且这个冒烤鸭你吃完里面的食材后，感觉没过瘾，还可以自己往里边加菜，味道一样很鲜美。

老板娘一边卤着鸭子和素菜，一边告诉我："这个汤啊，是我们从凌晨就开始熬的骨头汤。"听完我迫不及待地想回家尝尝味道。

到家正好开饭，我拿出买回来的冒烤鸭。看着热气腾腾的冒烤鸭，我夹了一块鸭肉放进嘴里，肉嫩皮脆，秘制高汤混着肉香很是鲜美，尤其是再喝上一口香浓的煲汤，简直太完美了。一碗米饭，配着冒烤鸭，既下饭又好吃，一家人吃得大呼小叫。熊氏烤鸭店生意之所以那么好，应该是因为用心热情的服务和好吃的食物，给人一种家的温暖，整个身心都是满满的爱。

抚琴第一烤

地址　成都市金牛区抚琴街南一巷6号

电话　18982296024

大城市弥漫民俗，小聚落盛装川味

抚琴第一烤

炭火烧烤的极致

在成都，如果说夜晚是美食的天下，那么烧烤就是它的半壁江山。在夜空下深呼吸，就能闻到那醉人的烧烤味。不管你是天南海北哪儿的人，只要来到了成都，一定会爱上这种生活方式：晚饭后叫上几个朋友在某一个露天的烧烤摊子前，吃着烤串喝着小酒，开心地聊天。

说到吃，成都人可是地道的"吃货"。对吃的追求以及对吃的考究，也彰显出成都人对生活的态度，不求最贵但求最好。抚琴第一烤就是这样的存在。第一次来这里的人肯定不会相信，就在这样的老小区，这样的小店里，居然有这么多的顾客。确实，如果没有熟人的陪同或是导航指路很难找到这里。所以能找到这里的定是正宗的"吃货"了。

去年年底，与朋友相聚，吃完饭后打牌，到了晚上9点多钟，肚子便开始咕咕叫了，于是我们打车去了抚琴第一烤。我们到达时，已经人满为患，店内店外都是人，黑压压的一片，灯光下人们有说有笑。为何这么多人？我问旁边的食客才知道：饭馆的营业时间较早，下午5点正式营业，晚上结束也早，不像很多烧烤店通宵经营，凌晨 1 点算是极限了。朋友还讲："我们每次到店的时候，都是有很多人在排队了，像我们这种常客，一到店就会直接去选菜品，以便把队给排上。像你们这种第一次来的顾客，会先去问店里的服务员，就在小妹介绍的时候，又有顾客把菜选好排上队了，新来的顾客常常会不高兴。为何会这样呢？因为这里的菜一直是限量供应，而且菜品非常新鲜，常常是供不应求，可能就在你考虑着是不是应该再多加一点五花肉的时候，五花肉就被旁边的顾客给清空了，因此大家也都尽量早一点来，菜品那时比较齐全一些。"

我们在等待的过程中，便和老板闲聊了起来，一来缓解等待的焦急，二来还可以学艺。刷油，放辣椒，不断地翻着烤串，最后放调料。看上去很简单，但是周末和朋友一起去郊外，烧烤的程序也是这样的呀，结果却手忙脚乱，不是烤焦，就是咸淡不合适。老板淡然地说道："这烤烧说难谁都不信，说简单吧，做出来要让大家都称道，还真是不容易，必须掌握好火候才行。就说这个火，现在出现了电烤、气烤，但为什么大家还是喜欢炭烤？首先炭烤出来的东西不那么干硬，而是外焦里嫩；其次是烤串经过炭火的熏烤，有一种特别的香味。"老板告诉我，其实炭火很有讲究的，火太大烤串容易烤焦，火太小烤串又不容易熟。这个度全靠自己慢慢把握。

我和老板闲聊时，旁边的一位食客插话道："确实，我吃过很多的烧烤，只有这家店，做出来的烧烤最合我的口味。"我当时心里就在想，能有这样的手艺，那得经过多少岁月的历练！我不禁对老板肃然起敬，因为他将一件看似简单的事情做到了极致，做成了食客们念念不忘的一道美食。几分钟的闲聊中，老板又给一桌顾客烤好了烧烤，最后在上面撒上一层葱花，冒着烟气的烧烤瞬间香味四溢，不断地刺激着我的感官，使我的口水都要流出来了。

等啊等，终于等到给我们上菜的时候了，终于可以大快朵颐。我一边品尝美滋滋的五花肉、掌中宝、鲫鱼，一边喝着小酒，在嬉笑怒骂闲话世事中，时间就这样悄悄地流逝，随之一起流走的还有一天的疲惫。其实，生活有时就是如此简单，只是需要这样一个小小的地方，敞开你的胃，敞开你的心，听时光轻轻诉说。

去过上百座城市，品过无数的美食，唯独抚琴第一烤令我记忆犹新、回味悠长，使我不自觉地把这里作为了朋友间小聚的地方。因为那熟悉的街道、乌黑的炭火、飘散的炊烟、烧烤的香味，仿佛都在等待我的到来，令我欲罢不能。

独乐乐不如众乐乐。朋友，今天你准备好了吗？我在抚琴第一烤等着你。

天回镇何氏豆腐

地址　成都市金牛区蓉都大道
　　　天回路1021
电话　028-83571696

皇帝吃了都说好

# 何氏豆腐

　　对于素食者来说，豆腐是相当完美的一道美食，因为在蛋白质的种类上，大豆是唯一能够等同于肉类的食材。相传在安史之乱时，唐玄宗为躲避战乱来到蜀地。到达天回镇时，颠簸了一路的唐玄宗早已饥肠辘辘，可饭店里只剩下果腹的豆腐，唐玄宗便风趣地说："这豆腐也可当肉吃嘛！"从此，天回镇豆腐闻名于世。这则传说无从考证，但却在天回镇一代代传了下来，随之传下来的还有豆腐制作及烹饪的技术，而这其中最为出名的当是在清朝便已名声在外的何氏豆腐。

　　何氏豆腐真有这么神吗？其味道让皇帝都垂涎。周末我和母亲去植物园，游玩结束后肚子饿得咕噜咕噜直叫。在附近市民的指引下，我们母子俩很快就来到了这家传承多年的豆腐老店。

　　我们到时已过饭点，但这里依旧人满为患，拥挤的大厅中穿梭着忙碌的服务员，我们在一个靠边的角落坐了下来。待我们坐定，才细细地打量这里的环境。店面是传统的小饭馆布局，有通向二层的楼梯，想来二层也是人满为患。大厅中摆放着八九张大小不等的实木桌椅，看得出这些桌椅已经有些年头了。食客一看都是老熟人，点菜特别娴熟，自然少不了豆腐。看到食客自信的样子，我不禁对这里的豆腐又多了几分期待。

不一会儿，我们点的菜就上齐了，原本空荡荡的桌子被大大小小的瓷盘挤满。看着眼前的景象，我似乎明白了唐玄宗说豆腐可以当肉吃的原因，何氏豆腐确实看着挺诱人的。看到圆片状的豆腐层层叠叠，那似红水晶般的汁液，还在上面缓缓地流淌，我夹起一块番茄豆腐，一口咬下去酥甜爽口，其中还夹着一片番茄，当真是意外之喜，在原本松软的豆腐之上，又增添了一丝清脆。

还有牛肉豆腐，豆腐香辣至极，且像果冻般润滑有弹性，牛肉也很鲜嫩，一起放入嘴里咀嚼，在口腔中便会形成鲜明的层次感。厨师可以说是将二者的味道发挥得淋漓尽致。还有纸包豆腐、水煮豆腐，也都让我不忍放下手中的筷子，嘴巴更是停不下来。

肚子吃得鼓鼓的，正要放下筷子的时候，一碗正宗的何氏豆花出现在了我的眼前，葱花的清香与豆腐的味道完美地结合在了一起，馓子的加入使得咀嚼变得更有味道。这一碗豆花下肚，正好冲走了刚刚菜品的油腻，留下了豆腐最本质的淡雅与最原始的风味。

如果不是来此一试，我很难想象得到，在这个小小的镇子中，还隐藏着如此美食。这家店真的是将豆腐这种食材发挥到了极致，每道菜的味道都是那么鲜美。到何氏豆腐店来品尝美食，绝对是你最明智的选择。

**周记爬爬虾**
地址　成都市金牛区九里堤中
　　　路 278 号
电话　028-68765136

你永远也带不走

## 爬爬虾的情怀

　　成都的生活就像火锅里一直翻滚的汤汁，哪怕是没有任何味道的食材，只要放到浓郁的成都味道的大锅里，都能涮出五颜六色的感受与味道。

　　我在成都，遍尝川菜、小吃、火锅，但对周记爬爬虾的情怀却是胜过无数。客观地讲，我对周记爬爬虾的认可，缘于周记爬爬虾掌柜杨兄对食材的考究、味道的创新，以及对饮食文化的那种工匠精神和敬业态度。

　　在成都，做海鲜类的餐饮，是需要一定勇气的，而杨兄一做就是 10 多年，且做得风生水起，这得归功于他对美食的精雕细琢。在周记爬爬虾店里，青石桥的鲜货只是他的备选食材，真要进入他厨房的是产地直销海鲜，这是他对从事餐饮业的自我定位，既要讲究一个"鲜"字，还要考究。因为他一直坚信：只有考究，才能做出美味来。

　　我一直不理解，沿海人食虾，多是因为近水楼台，而川人吃虾，天时地利都无，杨兄是如何让他的"虾兵蟹将"在成都魅力四射，而且店里还天天客人满座的？其实不用深究原因，只要你坐在店里，往四周望望，每张桌上堆满了"虾壳蟹脚"，再看看食客们熟练地剥壳吸食的动作，尤其那细嚼慢咽的姿态，就已经告诉你答案了，既是美味的"发酵效应"，也是周记对海鲜文化与成都悠然生活碰撞的结果。客观地讲，用海鲜表现成都味道，诠释成都饮食文化，周记爬爬虾理应是最成功的案例。

一天下班，朋友几人嘴馋了，要我请他们去吃好吃的，于是我便推荐他们去九里堤周记爬爬虾，兄弟们都说算了，理由是太远了，如果要吃虾蟹就近可以。我摆手制止道："我出钱请客，可好？"弄得那几位不好再推辞，只好跟着上了出租车。我们从西华门出发，虽然路上有点堵车，但仅仅半个小时就到了。

来到周记，与杨兄打了招呼，我们便大大咧咧地坐了下来，先点了一份煮花生，好把几个人的烦躁情绪降下来，而这几个人还在四周观望，心里一定纳闷，为什么要开车来这里吃海鲜？随着藤椒味的爬爬虾、如火似阳的香

辣蟹、翠黄相间的大竹蛏、红油翻白浪的耗儿鱼、色泽如金的小黄鱼——摆上桌时，几个人不用招呼，早已动手"开撕"起来。我说："此美食，岂能无美酒佐之？"朋友们兴致来了，大家推杯换盏，笑声不断，那种尽情的快乐是纯净的。这时听到一位食客大声叫道："老板，再来一份爬爬虾，一定要香辣味的哦！"每个人吃完都是赞不绝口。

周记爬爬虾虽然以辣香、麻香远近闻名，但却少有媒体的推广，这或许与杨兄做人处事的风格相符，低调而为之。虽然这样低调，依然可见其对四川味道、成都情怀的偏爱。杨兄做爬爬虾，特别注重选料，尤其讲究规格、货品成色。总之，在周记爬爬虾这里，家常味、鲜香味、鱼香味、肉香味等，应有尽有。因此，与其说杨兄做的是美食，倒不如说是在诠释做人的一种境界——平凡而不失味道、低调而不失情怀。

闲来无事，邀约三两好友，到杨兄的店里坐坐，不用多说，一钵爬爬虾，一盘小黄鱼，一份香辣蟹，酌二两老酒，慢慢地品尝，不知不觉中就会淡化人生五味。深居成都，见过来来往往、形形色色的人，吃过众多美食，但在这宽宽窄窄的世界里，唯有周记爬爬虾给我留下了无法抹去的印象。你可以带走周记的爬爬虾，但却无法带走周记爬爬虾的情怀，这或许就是对周记爬爬虾食客盈门最生动的诠释。

刘记铺盖面

地址　成都市金牛区茶店子南
　　　街6号附17号
电话　13558843169

抵御严冬寒

一碗铺盖面

　　有一次到青城山游玩归来，天色已晚，我便和朋友去茶店子附近用餐。茶店子是我们过去常去的地方，这里有一家面馆，味道特别好。等我们到了这家面馆时，才发现店面已换了新颜，原来的茶店子老店挂上了"刘记铺盖面"的招牌。虽然店的面貌焕然一新，可那熟悉的味道却仍旧留在心间。

　　我们还没入座，便已向老板点了3碗牛肉铺盖面。说到这牛肉铺盖面，还真不是如今这个状况。20世纪90年代，人们的工资仅有几百元，而且铺盖面也不是到处都有，要能吃上一碗美味的铺盖面，那还真是不容易。因为你打车去吃一碗面，始终还是觉得贵了点，所以那时能吃上一碗铺盖面，心里爽爽的。如今人们生活水平提高了，可铺盖面吃起来却少了那时的心情，不过依旧是令人难忘的。

　　因为喜欢美食的缘故，我没有坐在座位上，而是站在旁边目不转睛地盯着老板做面。只见他从眼前的面盆里捏出一团面，然后十指用力均匀地朝四周拉扯，好像变魔术似的，一会儿工夫，一张面皮就拉好了，然后流畅且自

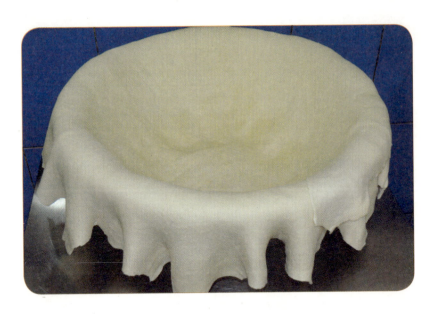

然地朝锅里一甩，面皮就沉沉地扎进了沸腾的水里，不过三五秒钟，面皮就从水底漂了上来，如一张铺盖一样，完整地盖在面汤上。

面皮在沸水的几经翻腾下，也就煮好可以出锅了。于是老板瞅准时机，迅速将其捞进碗中，同时趁着面还冒着热气，浇上了店里特制的臊子。服务员立即把一碗热气腾腾、香味扑鼻的铺盖面端上桌来。臊子在空气中散发着浓香，同时夹杂着面皮淡淡的清香，不禁令人食欲大开。

我和其他两位朋友很有默契地拿起筷子，埋头吃了起来。店内顿时安静下来，只有吃面的声音，我们尽情享受着被称为冬季暖身佳品的面。和着臊子，咬上一口面皮，慢慢咀嚼，面皮在口中上下跳动，面与臊子完美地融合，使面越吃越香，要是再加上香菜、葱花的点缀，味道就更美了，不仅让味蕾大开，而且直击身心。吃完，3个人不约而同地抬起头，长长地出了口气，然后相视而笑，能从对方的脸上看到满满的快意。

吃完了面，我忍不住问老板，这铺盖面是怎么形成的呢？老板讲，在川、渝两地接壤处，有一座历经千年文化洗礼的城市，在明洪武七年（1374年）更名为荣昌，取古荣州和昌州首字而得名，寓"繁荣昌盛"之意。几百年来任风雨洗礼，时间冲刷，这座城市在汇集了岁月残片的同时，也沉积了历史的精华。这里的铺盖面，就是历史车轮辗轧出来的产物，其面片薄如纸，匀如玉，形如满月，且数秒即熟，面熟后捞出，浇上不同口味的臊子，一碗流传千古的铺盖面就上桌了。

在长期演变中，面条的味道不断推陈出新，但面条本身变化较少，除了兰州拉面、传统刀削面、山西鱼面，市场上能见到的面条多是以普通汤面为主，其不同之处在于浇的臊子。我在想，这或许是因为面条消费需求最直接，并不需要过多粉饰，人们在吃面时多以果腹为目的。但随着时间推移、社会进步，温饱已无法满足人们的口腹之欲，厨师们便开始着力创新。他们采用特殊方法发酵面团，使面团柔韧软和而不粘手，煮制时还能做成形如铺盖的面皮，煮好的面片轻薄、白亮，特色鲜明，然后倒入特制鸡汤，更是鲜香无比。如今铺盖面已成了成都最讨人喜爱的美食之一。

冬日里的成都，寒冷虽然覆盖了整座城市，但一碗实在的铺盖面下肚，全身都跟着暖和了起来。虽然时间让我们慢慢变老，但这碗面带给我们的记忆永远那么美好。你无论什么时候去，这家面馆都能将滚烫的心奉献给你，让你感受到美食的温暖。

带江草堂（永陵路店）

地址　成都市金牛区西安北路
　　　101 号
电话　028-87732404

蒜香鲢鱼

美味也能醉开怀

周末，与朋友小聚，我们去了带江草堂永陵路店。

可别小看这家店，它可是中华老字号，为国家非物质文化遗产。店内的招牌菜是蒜香鲢鱼，这是创始人邹瑞麟的杰作，色香味俱佳，远近闻名，深受顾客喜爱。

时隔一周，我专门前往带江草堂，采访了赵惠忠经理。赵惠忠算是这里的元老了，他从 1993 年 4 月到带江草堂后就从未离开过，这一干就是 27 年。27 年，把一位年轻的小伙子，打磨成了一位技艺精湛的大师。

我很好奇，是什么妙方把鲢鱼做到了这么好吃，于是问起了赵惠忠经理。他告诉我，带江草堂蒜香鲢鱼的做法是公开的，只要上网一搜就能找到。旁边一位顾客接过话茬讲道："我们照着做了，但始终没有店里的味道好。"

顾客的话让我想到了一个故事：20 世纪 80 年代，深圳市某企业老板从日本进口了一台机器，可工人怎么也制造不出从日本采购回来的零件精度，便认为是买到了劣质产品。后来，日本派技术人员检查，并没有发现机器有什么问题，便亲自操作了起来，结果生产出来的产品却达到了优质等级，这使企业老板认识到了工匠精神的重要。顾客做的蒜香鲢鱼，问题也许就出在这方面。

尽管如此，我还是认真学习了蒜香鲢鱼的做法。第一步，将鲢鱼洗干净并切成段，放入葱、姜、花椒、大料、料酒、生抽、盐等，将其腌制 2 小时左右。第二步，将腌制好的鱼块两面都粘上面粉，再放入 8 成热的色拉油里，煎到金黄色即可。第三步，把蒜洗净去皮，葱、姜、红辣椒、绿辣椒切成段，然后在锅内放入油，8 成热时再把葱、姜倒进去爆炒，并放入红辣椒、绿辣椒、花椒、大料、大蒜及豆瓣酱，进行翻炒。最后一步，就是放入煎好的鲢鱼块，倒入料酒和生抽，加入适量的水，先大火烧开，再改为小火慢慢熬制汤汁至浓稠即可。

等到蒜香鲢鱼出锅，一股清香扑鼻而来，倘若你夹上一块放进嘴里，细细地品尝一下，绝对会让你感到不虚此行。

寻味成都

**蓉记香辣蟹爬爬虾**

地址　成都市金牛区西安中路
　　　40 号

电话　028-87787699

传说中的江湖味道
**米椒耗儿鱼**

　　有句话叫"食在中国，味在四川"，川菜的麻、辣、甜、香无人不知，成都人把这么多种味道融合成了一道道极致的美味。我对四川美食特别偏爱，去过的大大小小的餐馆不知有多少，但最让我流连忘返的还是位于西安中路的蓉记香辣蟹爬爬虾店，店内的美味让我食欲大开。

　　这家店美食可谓不少，不仅有绝顶美味的兔头和鸭头，还有糯香抓钱掌、干锅兔、干锅鱿鱼须、米椒耗儿鱼等正宗的江湖菜，也是食客们的最爱。我比较喜欢吃鱼，所以我去这家店时，常点米椒耗儿鱼。耗儿鱼也叫马面鱼，南方的朋友又称其为扒皮鱼。前不久，我去吃这道菜，心里好奇，想学学技术，经老板和厨师长同意，有幸到厨房观摩了一回。

　　平时吃饭都没想过菜的做法，只顾着美美地享受了，这走进厨房才知道，那是蛮有学问的。只见原材料分类摆放得整整齐齐，且荤菜和素菜分开存放。荤菜依次摆放在冰箱里，而素菜分类码放在保鲜柜中，还有很多不锈钢调料罐一字儿摆开，师傅告诉我，那里面装的全是天然香料。

准备工作就绪后，只见师傅把油和秘制调料，还有姜、蒜等一起放在锅中爆炒，再适时放入耗儿鱼丁，紧接着放入事先备好的青尖椒和小米椒。当食材都放入锅中后，厨师提着铁锅出神入化地颠了一番，自然是想让食物受热均匀且入味。就这么一会儿工夫，一份让人欲罢不能的米椒耗儿鱼就可以上桌了。

做菜的师傅告诉我，虽然米椒耗儿鱼很多川菜馆都有，但味道却没有他们家的正宗，因为他们店除了火候掌握得恰到好处外，还有自己独有的秘制配方，最厉害的是这道菜的主要材料——耗儿鱼，那也是特别讲究的，不仅要求耗儿鱼大小适中，而且来自天然海域。

菜做好后，我回到座位，立刻开始品尝。这道菜，不仅色泽艳丽，绿色的小青椒、红色的小米椒，搭配着白嫩嫩的耗儿鱼，而且香气扑鼻，让人食欲大增。我夹起一块鱼肉，狼吞虎咽地吃起来。太美味了，辣辣的，但又不燥辣，尤其耗儿鱼的细嫩，让人吃起来更是多了一种享受。

老板与我很熟了，看我吃得这么高兴，走过来给我讲，除了好吃的耗儿鱼，他们店的兔头更是一绝。兔头经厨师秘制后，成为四川的特色美食而享誉全国。但耗儿鱼已经填满了我的肚子，再没法享用美味的兔头了，只能等下次了。

## 成华区
### 老火锅的情怀，
### 新都市的风尚

>>>>

历史与现实的交融，是成华区发展轨迹的写照，也是餐饮业在这块土地上所展现出的当代风采。无论是起灯盏窝窝的回锅肉，还是地地道道的土鸡火锅，你既能品尝美味，又能找到历史的记忆。

四方阁（万年店）

地址　成都市成华区万年场万
　　　年横街 13 号
电话　028-84323888

香飘芙蓉城

四方田园鸡

　　吃鸡，是中国人在数千年前就已养成的饮食习惯。逢年过节，成婚过寿，家有喜事，饭桌上都少不了一只鸡。于是，诸如三杯鸡、大盘鸡、辣子鸡、叫花鸡、鸡公煲的菜式应运而生，关于鸡的做法数不胜数，可是在众多菜式中，有一种做法脱颖而出、备受推崇，其厚实的鸡块加上鲜嫩的肉质，让人难以忘怀。或许很多人已经有了答案，没错，它就是四方田园鸡。

　　凡是令人难忘的美食背后，总会有一个动人的故事。说起我与四方田园鸡的相遇，那还要坐下来细细回味一番。

　　那是一个梅雨季节，成都的雨来得特别准时。我刚好要顶着雨去赴一场同学聚会，当时的心情就像学生时代考完试公布成绩的那一刻，既满怀期待，又有一丝忐忑。因为不知道这么多年过去了，同学们都怎么样了。我准时到达了约定地点，心中的渴望也到达了上限。

　　来到预订的酒店，看到门楣上写有"四方阁"三个大字，稳健地勾勒出主人对酒店所寄予的厚望。我走进酒店大门，来到接待大厅，就有服务员走了过来，热情地把我引到了预订的包间。包间里早已摆上了酒菜，如约定好似的，田园鸡、玉米蟹、四方酥排、梅菜扣肉……这些我们昔日爱吃的菜样样俱全，看起来时间并没有改变我们的口味。不足一刻钟，所有人如约而至，看来时间概念早已印在了我们这一代人身上。席间，不免一番唏嘘感叹，每个人都在诉说着各自的经历，像是在讲一个个传奇的故事。

聚会怎少了美食。于是，大家把注意力逐渐转移到了精美的菜肴上。你看那四方田园鸡，带着浓郁的艳红端坐在圆桌的中央，表皮泛着油光的鸡块，一半浸没在汤汁中，一半还在空中散发着淡淡清香。这股清香勾起了我的食欲，使我失去了等待的耐心，迅速地夹起一块鸡肉一口咬了下去，舌尖感受到的滑嫩和弹性，瞬间席卷了我的味蕾，再慢慢地咀嚼，我清晰地感受到了鸡肉在一丝丝地分离，那汤汁在嘴中与鸡肉的交会令人无法自拔。

如此美味，吃一口就停不下来。随着美食下肚，人的精气神也跟着上来了，同学们举杯相祝，在觥筹交错之间，在把酒言欢的过程之中，聚会慢慢地被推向了高潮。高潮过后，意味着分离，因为世间没有不散的筵席，但四方田园鸡的味道已深深地留在我的记忆中。虽然如此，但在同学们的脸上却比来时多了些许喜悦，既有故人相见的兴奋，也有体验美食后的畅快。

刘血旺烤鱼家常菜

地址 成都市成华区天祥街 57
号附 14 号

电话 13281825656

刘血旺

百年传承的经典

　　一次，昔日的几位同事相聚，其中一位好友建议吃血旺，于是我们便去了成华区的刘血旺。

　　我们到达刘血旺的时候，大厅人声鼎沸，食客早已坐得满满当当，根本找不到空位，最后在服务员的帮助下，我们才在角落里找到一个小桌的座位坐了下来。随后，服务员热情地给我们介绍起了菜肴，并给我们推荐了几道菜。其实，我们哪用得着介绍，早已是这里的常客了，于是连菜单都没有看，就点了几道自己喜欢的菜，其中就有这里的招牌菜——血旺。

　　没过几分钟，血旺第一个端了上来。色泽红亮，上面点缀的香菜和黄豆，散发出的麻辣清香，令人垂涎欲滴。于是，我拿起筷子夹起一块血旺就送进了嘴里，当血旺进入嘴里的瞬间，麻味立即打开了我的味蕾，并向四处发散，迅速弥漫了整个口腔，同时紧跟着的还有一股辣味。当这血旺吞进肚里时，麻、辣、鲜、香、嫩五味俱全，令人回味。我想，用餐能有这样的感觉，已经是一种极致的享受了。

大家边吃边赞美，老板娘听了很高兴，加之又是常客，早已熟识，便自豪地给我们讲："我们家的血旺是最正宗的，而且做得也特别精细。"她停顿了一下接着讲，"我们家的血旺，用的都是鲜猪血，然后加入适量的水和盐，再将其搅拌均匀，等到自然凝固后，便用刀切成块状，最后才将其放入大锅中用开水焖煮至熟。不过，血旺好吃也要讲拌料的，因而装进大碗后，还得撒上葱花、芹菜末等，并淋上用上等菜油炼制的红油，这麻辣鲜香的素血旺就大功告成了。"没想到，这血旺做起来还有这么多学问。

老板娘又接着给我们讲起血旺的故事。过去有钱人家杀年猪，他们只要猪肉，部分内脏会丢弃，猪血更是不会要，穷人看见后觉得很可惜，便把猪血盛回家去用开水加盐煮沸食用。没想到，这不仅能充饥，而且还特别好吃。于是，只要有钱人家杀年猪，穷人便会去接猪血，然后把它做成一道菜享用，而且越做越精细，越做越好吃，最后成了一道美食。最初没有菜名，大概穷人希望来年运气能够"旺"一点儿，肚子能够吃得更饱一点儿，于是，后来就把它叫作血旺了。

成都人喜欢研究美食，经过百年的传承完善，如今的血旺已经成为成都的经典美味。老板娘讲，这刘血旺已经有上百年的历史了，不仅自己对刘血旺倾注了感情，就连食客对刘血旺都有了感情。因此，每每看到客人对刘血旺那份执着的感情，心里总是特别激动。

我们吃完饭准备离开时，看到客人还在络绎不绝地进来，走的客人眼里也流露出无比的满足感。百年刘血旺的服务，正如它那百年沉淀下来的经典血旺一样，虽然算不上至臻，但却能让每位客人都心满意足而归。

**九倒拐麻辣烫**

地址　成都市成华区双桥路81
　　　号附8号
电话　028-67837382

串串

跟爱一样温柔

　　身为资深吃货的我，日常最大的乐趣就是把发现的美食分享给大家，今天要给大家推荐的是一家串串店——九倒拐麻辣烫。

　　串串是成都美食中的一道风景，成都的大街小巷里到处都可以吃到串串，但真能让人吃了还想着的，也不是特别多。

　　好的美食不一定在高档豪华的餐厅酒店里，它往往隐藏于充满烟火气的小巷，经受着寻常百姓舌头的考验。也唯有经受住如此考验的美食，才值得我们邀约亲朋好友，一起去分享！

　　成都的许多美食就藏在一些有很深历史文化积淀的老街上，例如双桥路。双桥路位于成都市成华区，是一片富有成都特色的老居民区。如今，随着市政的建设规划，这里被打造成了一条特色街区，尤其与24城比邻，更是增加了商气与人气。

　　从24城到双桥路聚集了数十家餐饮店，从中餐、烧烤到糕点、串串，种类特别丰富。在这条街上，有一家九倒拐麻辣烫号称是成都最好吃的串串店。

先不说这家店的串串味道如何，单是看每天从下午五六点钟到晚上八九点钟店前排起的长龙就知道它的超高人气了！

我和几个哥们常常约着去这家店吃串串，时间长了和老板也就熟络了，每次来老板也都对我们格外关照，还给我们讲开店的历史，介绍锅底的配制方法和选择原材料的方法。一看便知道，他也是位美食家。他说他想吃遍中国的美食，他的理想就是多开几家店，店里只卖他认为好吃的东西，他开店的目的赚钱只是一方面，另一方面是让更多人吃到真正的美食。

九倒拐麻辣烫的老板对待食物严谨认真的态度让我敬佩，为了制作出真正美味的食物，他每天都守在店里，亲自把关。他说："我卖的东西就是我喜欢吃的，就算不为顾客，为了我自己，我也要保证每天的东西是新鲜的，干净卫生的，这样顾客才能放心去食用这些东西。"

他每天早上9点之前就会亲自把当天的材料买回来，再监督工作人员拌料上架，几年如一日。他这里的特色菜是麻辣牛肉、言须牛肉、折耳根牛肉、麻辣小郡肝（郡肝，四川方言，指鸡胗或鸭胗）、大刀腰花，这些特色菜可谓是镇店之宝，是我每次来都必点的几道菜。因为有做火锅的经验，所以他的串串锅底料也是厚味重油，香气十分浓郁，且越熬越香，不像其他串串越涮越淡，他这锅底直接拿来烫火锅都可以。

火锅底料和涂在牛肉、郡肝上的拌料是他秘制的，我问过很多次他都守口如瓶，就算对自己的员工他也没有透露过。把菜下到锅里，锅内红油翻滚，香味扑鼻，只看一看、闻一闻就已经让人垂涎三尺，更别说吃了，菜软硬适中，入口便火辣辣的，一丝丝辣味像一个个精灵在舌尖上跳跃，拨动着我的味蕾，令我回味无穷，意犹未尽。再配上一杯冰镇饮品，更是让人欲罢不能！

对美食尤其是串串感兴趣的人们，还等什么，赶紧亲自去九倒拐麻辣烫尝一尝吧。

三只耳（玉双店）

地址　成都市成华区玉双路
　　　25号
电话　028-84382688

三只耳

无「鱼」伦比的特色火锅

　　成都，有着太多让人眷恋的东西，美食、美女、美景，总有一样让你沉醉。这里的时光被奇景惊艳，而岁月在城市里被记录，每一座城市写给外地朋友最动人的情书，大概就是它的美食吧，成都就是这样。成都聚集着各式各样、各种口味的美食，每个人都可以在这里找到自己喜欢的美食。无论是喜欢清淡的，还是喜欢重口味的，都能在这里找到挚爱的美食。这里除了三大炮、三合泥、烤肉串、肥肠粉、煮凉粉、香酥豆花、五香油茶、粉蒸肉、八宝菠萝饭、担担面等特色小吃，还有让人惊艳到尖叫的火锅店，其中三只耳火锅享有盛名。

　　三只耳是一家主打"冷锅鱼"的火锅连锁品牌店，早在20世纪90年代，就成了媒体争相报道的宠儿，很多知名人士都是这里的常客和忠实粉丝。自三只耳创建品牌至今，已有十几年的历史，排队就餐天天如此，这么受食客偏爱，这在餐饮界极为罕见。如今，三只耳还成了人们聚餐宴请的好去处。

　　有几个外地的朋友来成都，作为东道主的我少不了带他们去感受下成都的美食。因他们喜欢吃鱼，自然就选择了老牌餐饮三只耳。三只耳遍布成都的大街小巷，但我们这次去的是位于成华区玉双路的店。这家店，古色古香的装修，充分体现了巴蜀的历史风韵，也展示了蓉城休闲恬静的生活方式。古朴与现代的完美演绎，把美食与自然有机地融合起来，步入其间，不仅可以享受美食，还可以体验都市文化的氛围。因此，朋友们见了大呼壮哉、美哉！处于繁华闹市的三只耳，不仅装修好，环境也一流：大厅特别敞亮舒适，包房也很精致雅静，就连鱼类产品展示区都很有格调！

　　我们选了一个包间，然后点了一锅鱼。三只耳火锅上桌时不点火，因为鱼端上桌时早已烹熟，可立即享用。三只耳的上菜速度很快，我们点完菜没过多久，服务员就把做好的鱼端了上来，鱼是用特制的三只耳锅盛装，可谓用心良苦，真正把三只耳的品牌做到了极致。只是看着都让人很有食欲，更别说扑鼻而来的清香有多诱惑人了，于是我率先动筷，接着大家也动起筷子来。鱼肉入口，才发现三只耳的辣没有想象中的可怕，反倒非常香，再加上花椒的麻，一下子让食物有了不一样的口感。于是大家都不说话了，都只顾着吃了。无论是谁坐在这美味前，此刻也只会恨自己的肚子太小。

　　三只耳的鱼一入口，便再难割舍，非得吃个痛快不可！不仅如此，就连他们家的豆腐也是超级好吃，口感滑嫩有弹性。除了这些，我们还点了三只耳腊拼、凉拌折耳根、川北凉粉、红糖锅魁、野菜煎饼等菜肴，摆了满满的一桌子。

三只耳火锅的高汤是用了10多种中草药精心熬制而成的，所以涮出来的菜特别好吃。

　　朋友们用完晚餐后无不感叹：环境如此雅致、口味如此诱惑、装修如此有格调、服务如此贴心，下次来成都一定还要来三只耳品尝！

　　"成都，一座来了就不想离开的城市"，我想其中的原因美食功不可没，因为美食的诱惑总是让人难以抵挡。俗话说得好：唯有美食与爱不可辜负。因为每一个热爱吃的人也都是热爱生活的人，而在我们平淡无奇的生活中，食物总能一次又一次地抚慰我们疲惫的躯体和躁动的心。

无名生态馆

地址　成都市成华区升仙湖北
　　　路13号
电话　13980597388

柴火鸡

让我想起外婆的味道

　　有一年春天，我陪母亲到升仙湖游玩，中午在湖边的无名生态馆用餐，有
幸品尝到了生态柴火鸡的美味。

　　生态柴火鸡的味道很鲜美，吃到嘴里却美到了心头。说到柴火鸡，不仅勾
起了我对外婆的怀念，也让我想起了儿时外婆的味道。于我，柴火鸡有最自然
的肉香，还有外婆的养育之情。柴火鸡的关键是柴火，这是乡村的元素，承载
着乡村的味道，尤其在大都市里，柴火是极为稀缺的资源。正因如此，生态柴
火鸡才更难能可贵，自然就迎来了不少的食客，也带来了无名生态馆红火的
生意。

　　柴火鸡的做法相对简单，就是菜籽油加花椒、葱、姜、蒜等炒制而成。虽
然工艺简单，但却不曾让顾客失望。首先是色泽亮丽，看了就会让人食欲大增；
然后是香味，柴火鸡的香，不是卤鸡那种浓烈的卤汁香，也不是叫花鸡那种荷
叶的淡淡清香，更不是凉拌鸡那种麻辣味的浓香，而是一种原始的乡村鸡肉香。

当服务员把柴火鸡端上餐桌时，香味即刻向四周散开，我夹上一块送进嘴里，那独特味道犹如一股强大的外力刺激着我的味蕾，完全无法逃避它的入侵。

生态柴火鸡色香味俱全。其貌不扬的柴火鸡，可是费尽了厨师心血。首先，选好原料并不容易。无名生态馆选用的鸡是绝对的跑山鸡，为此他们在眉山开辟了一块放养基地。跑山鸡肉质筋道不说，还富含硒等营养元素，营养和口感好于饲料鸡。然后，还要认真清洗，将其砍成麻将牌大小的块儿。最后，就是用柴火进行爆炒，柴火鸡味道就慢慢地出来了。同时，还可在锅边烤点玉米粑。

说到柴火鸡，老板一脸的自豪，因为他不是为赚钱而经营，而是因为喜欢吃才做起来的。他说，过去在成都等地搞建筑，工人吃饭意见大，但他从老家带来的厨师做的柴火鸡，却是味道鲜美人人爱，而且他也特别喜欢。2009 年，他便在升仙湖边开起了无名生态馆，重点向顾客推荐柴火鸡这道菜。不仅自己饱了口福，而且还打开了食客的味蕾。餐馆开至今天，回头客仍旧很多，生意也越做越红火。他还讲："无论生意怎么火爆，我都不会糊弄客人，一定要把这纯天然的柴火鸡做好，因为这样才能留住最美最自然的味道。"

品尝完美味的柴火鸡，还可以去逛逛升仙湖，美食美景一样都不能少。

翁记钵钵鸡

地址　成都市成华区祥和里
　　　190 号
电话　13666229945

翁记钵钵鸡

一秒唤醒所有的味蕾

世界在发展，美食也在发展。伴随着越来越多的美食的出现，人的口味也变得越来越挑剔了，因此难有美食长盛不衰。但有一个味道却给我留下了深刻的印象，那就是钵钵鸡。

钵钵鸡给我的感觉不是火锅那种直冲脑门的辣，让人越吃越辣、越吃汗越多，也不是干锅那种油爆爆的香辣，而是一旦进入口中，似乎一秒就能唤醒所有的味蕾，适中的辣度加上芝麻和藤椒油的香，让人吃了还想吃，欲罢不能。

钵钵鸡，顾名思义，就是用钵钵装的鸡，钵钵就是瓦罐。瓦罐里装的是去骨鸡片，而这鸡片都是用麻辣为主的调料拌和而成的，具有皮脆肉嫩、麻辣鲜香、甜咸适中的特点。这道美味小吃已有逾百年的历史了。

钵钵鸡做法特别讲究。首先要将肉煮熟，不能煮烂，八分火候就行。然后晾干，切成片，用竹扦分门别类穿成串，之后放进藤椒油汤里浸味，吃时只需从中一捞就可以了。

　　春节前，我和朋友骑车逛城，到了美食一条街——祥和里，为的是品尝翁记钵钵鸡的美味。我们要了一小钵，密密麻麻插满了竹扦，鸡片、藕片、黑木耳被细心地穿在竹扦上，浸在诱人的红汤中，吃时蘸上店家精心调配的酱料，别有一番风味。鸡片在吸饱了汤汁之后，红亮的汤汁便会顺着鸡片缓缓滑落，芝麻的醇香混合着鸡肉的辣味在舌间游荡，还有雪嫩的藕片、滑而厚实的木耳，让我忍不住一串接着一串地吃。

　　老板给我们讲，他们家的钵钵鸡选的都是跑山鸡，鸡肉嫩香无比，连骨头渣渣都极耐咀嚼，而且钵钵里的汤是土鸡汤。鸡片浸泡在鸡汤、鸡油及最好的芝麻、花椒组成的高汤里，鲜油淋漓又不失醇香。据老板介绍，钵钵鸡的香也是有秘方的，那就是调料藤椒油的运用。以藤椒油拌和的鸡肉，紧跟在奇香后面的，是一股山野的沁人清凉。要是换成花椒油或是辣椒油，不仅上火且色香味也会相差很多。鸡肉和用竹扦穿好的菜，只要放进藤椒油汤里一蘸，举至嘴边，也是油艳欲滴、麻辣鲜香。

　　我们去时店里座无虚席，看到这火爆的场景，我不由得问起了老板的创业经历。老两口是金堂人，1992 年来到成都，当时身上只有 50 元，因此只好自己买食材穿成串，然后骑自行车到春熙路吆喝着卖，因为配料妙、味道

好，生意一直不错。到了 1999 年政府规范城市管理，他们便在春熙路开起了第一家店，2001 年把店迁到了祥和里，这一做就是将近 20 年。如今，老两口夫唱妇随，一个负责采购食材，一个负责炮制美味，生意越来越火，名气也越来越大。不仅附近的居民成了翁记钵钵鸡的常客，就连在中国其他城市，如上海、北京以及国外发展的老顾客，只要回成都，第一件事就是来他们店先美美地享受一顿，走的时候还不忘打包一些带回家。

我身边坐着一对小情侣，一边吃一边拍照，两人有说有笑，带着外地口音。一问是从贵阳来的游客，说是看到网上的推荐，就迫不及待地赶来品尝了。待到晚上 10 点多钟，小店里食客坐不下了，老板就在屋檐下支起桌凳。他给我们讲，人多时连街对面也摆满了桌子。最有趣的是，在这些天南海北的食客中，要分清是成都食家还是外地食客，只需要问"你们要点什么"就知道，因为成都食客会自行去挑菜，而外地食客会问"你们这里什么最好吃"，无论是本地人还是外地人，这里童叟无欺，哪里人都是一个价。

**老灶房**

地址 成都市成华区双成三路
　　　15号附221号二楼
电话 028-84325955

藏于老灶房

民间川菜

　　尝川菜，品川酒，看川剧，喝川茶，这是游客来四川的必选项目，而吃自然被摆在了第一位。说到吃，那自然得说说老灶房，因为他家的川菜味道，在我的脑海里留下了深刻的印象。

　　走在华润二十四城暖黄格调的楼宇间，春风拂面，甚是惬意。院落里的桃花盛开着，无比娇艳，看得我都心花怒放起来。正在我欣赏着这等美景时，楼上有人叫了起来："久哥，往这里走。"我抬头望去，老弟在老灶房门口向我招手，于是我三步并作两步，因为我与老弟有两年没见了，与他相约一聚实在不易，心情自然格外愉悦。

　　老灶房的门牌古色古香，两边还挂着大灯笼，显得格外温馨与吉祥。走进去，那八仙桌、条板凳、竹筷、竹筒、泥烧土碗、紫砂茶壶、红柱黑椽、土钵炉灶，既有一种田园的风格，又有一种古朴的味道。

　　大厅宽敞明亮，厨房是开放式的，小笼冒着蒸汽，煎锅在吱吱作响。老灶

168

房还备有文艺演出，这在茶园、酒肆是常见的，但在中餐馆我还是头一回见到。在底楼中间的脸谱台上，有一块表演区域，据说晚上这是最热闹的地方，因为有变脸表演，而且听说都是名家来此献艺。

红袍小哥见我们到来，放开嗓门子叫道："4位客官请进……幺妹儿（四川方言，是对年轻女子的称谓）来客咯！"好一派川渝风土人情的景象！只需静静地感受，便仿佛置身世外桃源，特别是那包间的名字，例如"爷爷家""外婆家"……更是亲情浓浓。来老灶房用餐，就像在走亲戚，让人倍感温暖，有一种回家的感觉。

我们点菜时，服务员多次提醒："菜不宜过多，我们这里的分量很足。"点过菜后，服务员很快把菜端了上来。第一道菜是"神仙耙猪脚"。据店员介绍，店里每只猪脚都是进行过细心清洁之后再放入秘制调料，并在锅中慢熬16个小时才上桌。猪脚一口咬下去，既滑嫩香糯，又带有嚼劲，尤其那充满弹性的皮、纹理分明的瘦肉，色泽鲜亮宛如膏脂，香香的，很入味。还有一道石锅老豆腐，豆腐在茶色的汤汁中翻腾，飘来阵阵清香，吃起来口感滑嫩，真正是入口暖心。

老灶房的菜肴，不仅味道美，而且价格适中。因此，深受食客的欢迎。

当我走出小馆时，还真有点恋恋不舍。回头张望那老灶房，虽然它在餐饮界不算高大上，但却让我们吃得特别舒心，不仅没有大酒店的拘束，而且还有一份家的温馨。有空闲，约上三五好友，来老灶房坐坐，一边品尝川菜的美味，一边享受家的味道，特别惬意。

小媳妇儿炭火烤羊腿

| 地址 | 成都市成华区建设路26号 |
| --- | --- |
| 电话 | 15884544455 |

品尝烤羊腿

小媳妇儿的美好时光

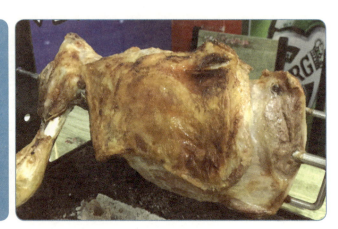

　　"阿妈拉说牛羊满山坡，那是因为菩萨保佑的，蓝蓝的天上白云朵朵，美丽河水泛清波，雄鹰在这里展翅飞过，留下那段动人的歌……"当我和几位朋友办完手头上的事，路过建设路美食广场时，悠扬的歌声在空中飘扬，听得我都心情舒展起来，肚子也开始唱起"空城计"了，抬头一看，小媳妇儿炭火烤羊腿店正在眼前，那烤羊腿的图片，让我们口水都要流出来了，于是我们走了进去，在一个僻静的角落坐了下来。

　　我们刚坐定，服务员就把菜单递了过来，我没有犹豫就点了店里的招牌菜——烤羊腿，还点了一些其他喜欢的菜肴，诸如大腰子、羊肉串等，毕竟是想大吃一顿。

　　菜点好了，服务员很快把烤羊腿端了上来，一整只的羊腿直接放到了我们桌面的铁架上，铁架下面的炭火还在忽明忽暗地闪烁着。老板给我们解释道，羊腿一般烤至七成熟，下面有炭火，边烤边吃。这羊腿看起来差不多得有四五斤。听她介绍，这些羊腿是专门从内蒙古运过来的，选的是羔羊前腿。这么大只羊腿摆在我们面前，那亮黄亮黄的油滴在炭火上嗞嗞作响。

随着炭火的烧烤，香味便慢慢地在空气中弥漫开来，椒盐的烤肉味和着菜籽油的清香，让人直流口水。虽然羊腿看上去没啥料，但烤出来还真香。我便问了老板缘由，她告诉我们，店里提前进行了腌制，而且要腌6~8个小时，因此做到了完全入味。我吃了一口，味道似乎能够直达羊骨里。

这时候我已顾不得斯文，左手叉右手刀，还有一双筷子，忙得不亦乐乎，再配上老板免费提供的干碟，吃得满嘴留香……正吃得起劲，有人喊着"小媳妇儿、小媳妇儿"。我在心里想，谁啊？在这里叫自家媳妇儿，还这么肉麻？哪知道，老板娘从吧台跑了出来，热情地答应着、招呼着。我们也试着叫了声"小媳妇儿"，老板娘同样应声过来了，问我们："几位有啥需要的？"

"原来你就是小媳妇儿啊？"我忍不住问起了老板娘，老板娘不好意思地笑着说："对啊，一般比较熟的客人都这么叫我，亲切点儿，叫起来也好听。"我又问："老板娘，为啥叫你小媳妇儿啊？"

"因为我师傅是吉林人，这技艺是从吉林那边传过来的，那边的人叫自家老婆都是叫媳妇儿，随意又很亲切！我想以后我得给我的客人烤羊腿，也得和他们随意点、亲切点。所以干脆我们也取这个名字。但是客人看着我个子小小

的，就加了个'小'字，小媳妇儿这个名字就这么喊出来了。"还别说，是听起来很亲切，叫起来也很顺口，比叫服务员好听多了。

聊着聊着，小媳妇儿又给我介绍起她这里的烤大腰子、大茄子、玉米等诸多小菜，幸好我们来的人多，把这些好吃的菜都尝了一遍，感觉确实不错，有荤有素，我们都吃得很开心、惬意。

临走时，小媳妇儿还特意嘱咐我们，下次一定记得提前订哦！因为她家为保证口感和食物新鲜，每天都是客人订一个烤一个。所以，要是大家以后也想去尝尝小媳妇儿的烤羊腿，一定要记得先给小媳妇儿打电话哦。

酥味锅盔

地址　成都市成华区望平街
　　　123 号
电话　13330987052

军屯锅盔
三国时流传的经典美食

　　说到军屯锅盔，我想成都人最熟悉不过了，但是很多人不知道，这军屯锅盔的背后，还有一段耐人寻味的故事。我是在一次偶然骑行中，巧遇了军屯锅盔，并了解到了它背后的那段故事。

　　那天，我与朋友骑单车逛街，主要目的还是健身，途中突然听到"哪一哪一哪"似器物击打桌子的响声，朋友一听断定是打锅盔的，因为他平时比较　贪吃贪玩，这些做小吃的动静，他一听就能辨别清楚。骑行 10 多米，果然是一家锅盔店，一看招牌：酥味锅盔。正巧肚子有点饿了，我们便决定买 2 个尝一尝。这家店除了包装上有军屯锅盔的标识，墙壁上还有军屯锅盔的介绍。我算是个爱学习的人，认认真真地拜读了，自然也长了不少见识。

　　老板正在揉面，见我们进来，立即放下手中的活儿，叫服务员给我们安排座位。坐定后，我们点了锅盔，服务员很快就送了上来，而且还冒着热气，太诱人了，于是我赶忙用嘴吹了吹，便一口咬了下去，咬下去的时候是酥脆的，不软不硬，嚼两口便融化在口中了，外酥里嫩，吃到嘴里刚刚好，这感觉太棒了。我从未吃过这么好吃的锅盔，看来今天这趟没白来，这军屯锅盔让我一饱了口福。

没用两分钟，一个热气腾腾的锅盔就被我吃掉了。看到墙上的各种奖牌，我便问起了老板，这锅盔为什么叫军屯锅盔。老板给我们讲，说是三国时期，诸葛亮命大将姜维率部在今天的四川彭州市军屯镇休养屯垦、牧马练兵。后因战争导致锅碗、口粮缺乏，老百姓送来了小麦粉，却无法烹食，怎么办呢？将士们便把头盔当锅，在头盔里把麦粉做成了饼，以此作为行军打仗的干粮，人们为了铭记这段历史，便把这种锅盔叫作军屯锅盔。后来，锅盔从"军品"变成了"民品"，经人们多年的改进，现已成为大众喜爱的一道美食，也是人们走亲访友相互馈赠的佳品。如今，军屯锅盔还被列入了非物质文化遗产！

接着，老板曾师傅还给我们讲起了他的创业史，他为了学习做锅盔，专门拜成都市新都区大师吴映奇学艺。吴老师技艺精湛，教徒特别认真，还曾经上过中央电视台，因而曾师傅跟着学了一年多，掌握了锅盔的制作技术。当时，姐夫哥在南充，也是做锅盔的，于是他2000年便去了南充，跟着姐夫哥做锅盔生意，后来觉得成都发展空间更大，便回到了成都，在望平街开起了酥味锅盔店。由于他做的锅盔好吃，因此生意特别红火。

曾师傅为把锅盔做出特色，满足更多食客的需求，在传统军屯锅盔的基础上加以创新，吸取多家锅盔之精髓，研制出的锅盔外酥里嫩、香酥化渣，口味和口感都不错。同时，他还创新了很多种类的锅盔，有鲜肉锅盔、牛肉锅盔、椒盐锅盔、红糖锅盔、混糖锅盔、白面锅盔等。

说话间，我认真观察了曾师傅制作锅盔的过程。他先把揉好的面搓成条，然后用手将其拧成一坨一坨的剂子，再用擀面杖将剂子擀成长条形，之后在面皮上抹上酥，酥是曾师傅的秘方，有了这个锅盔才能外酥里嫩，酥抹好后将面皮裹起来，再将裹好的面皮擀成长条，然后在上面抹上肉。

曾师傅用的猪肉，都是最好的五花肉，他说因为做餐饮就是做良心，不能为了钱做亏心事，而是要让顾客吃得放心。肉在面皮上抹好后，曾师傅又像刚才那样将面皮裹起来，并撒上芝麻。说到芝麻，曾师傅是有讲究的，鲜肉锅盔，他用的是白芝麻，而牛肉锅盔则用的黑芝麻，这样既美观又容易区分。

到这一步，锅盔就做好了一半，然后将做好的生锅盔放在锅上，锅里倒少量的菜籽油，将它上色定型，但不是将它煎熟。七八分钟后，锅盔的颜色由刚刚的面白色逐渐变成了金黄色，样子看起来让人直流口水。接下来还要把它放到锅下烘烤，这个锅是为锅盔量身定做的，上面煎，下面烤，发明这锅的人那也是个奇才。曾师傅说，锅盔在锅下面烤时要勤翻，因为锅下面的温度高达到七八百摄氏度，不及时翻动就容易被烤煳，更重要的是让锅盔烤得更均匀。四五分钟后，一个个还冒着热气的锅盔终于出炉了。

　　吃了曾师傅的锅盔，这几天都在回味那味道。好的东西就要与大家分享，改日我会带上家人和朋友，再次去吃曾师傅家的锅盔，因为这道在成都不可多得的美食，确实值得一家人去好好享受一番。

本图书由北京出版集团有限责任公司依据与京版梅尔杜蒙（北京）文化传媒有限公司协议授权出版。

This book is published by Beijing Publishing Group Co. Ltd. (BPG) under the arrangement with BPG MAIRDUMONT Media Ltd. (BPG MD).

京版梅尔杜蒙（北京）文化传媒有限公司是由中方出版单位北京出版集团有限责任公司与德方出版单位梅尔杜蒙国际控股有限公司共同设立的中外合资公司。公司致力于成为最好的旅游内容提供者，在中国市场开展了图书出版、数字信息服务和线下服务三大业务。

BPG MD is a joint venture established by Chinese publisher BPG and German publisher MAIRDUMONT GmbH & Co. KG. The company aims to be the best travel content provider in China and creates book publications, digital information and offline services for the Chinese market.

北京出版集团有限责任公司是北京市属最大的综合性出版机构，前身为 1948 年成立的北平大众书店。经过数十年的发展，北京出版集团现已发展成为拥有多家专业出版社、杂志社和十余家子公司的大型国有文化企业。

Beijing Publishing Group Co. Ltd. is the largest municipal publishing house in Beijing, established in 1948, formerly known as Beijing Public Bookstore. After decades of development, BPG now owns a number of book and magazine publishing houses and holds more than 10 subsidiaries of state-owned cultural enterprises.

德国梅尔杜蒙国际控股有限公司成立于 1948 年，致力于旅游信息服务业。这一家族式出版企业始终坚持关注新世界及文化的发现和探索。作为欧洲旅游信息服务的市场领导者，梅尔杜蒙公司提供丰富的旅游指南、地图、旅游门户网站、App 应用程序以及其他相关旅游服务；拥有 Marco Polo、DUMONT、Baedeker 等诸多市场领先的旅游信息品牌。

MAIRDUMONT GmbH & Co. KG was founded in 1948 in Germany with the passion for travelling. Discovering the world and exploring new countries and cultures has since been the focus of the still family owned publishing group. As the market leader in Europe for travel information it offers a large portfolio of travel guides, maps, travel and mobility portals, Apps as well as other touristic services. Its market leading travel information brands include Marco Polo, DUMONT, and Baedeker.

DUMONT 是德国科隆梅尔杜蒙国际控股有限公司所有的注册商标。

DUMONT is the registered trademark of Mediengruppe DuMont Schauberg, Cologne, Germany.

杜蒙·阅途 是京版梅尔杜蒙（北京）文化传媒有限公司所有的注册商标。

杜蒙·阅途 is the registered trademark of BPG MAIRDUMONT Media Ltd. (Beijing).